职业教育新形态旅游类专业系列教材
浙江省高职院校"十四五"重点立项建设教材

康养旅游产品设计

◎主　编　邬玮玮
◎副主编　李赫宇　虞燕芬
◎主　审　王忠林

电子工业出版社
Publishing House of Electronics Industry
北京·BEIJING

内 容 简 介

本书由校企双元合作编写,以康养旅游产品设计为主线,融入行业标准,采用项目化任务驱动模式,基于真实工作过程开发典型工作任务,根据工作流程与认知规律,依托康养旅游行业标准和职业技能标准,对接新规范、新技术,校企双元开发课程标准,融合"旅行策划职业技能等级证书"(2021年版标准),以及国家、省内各类相关竞赛内容,"岗课赛证"合一,讲授康养旅游产品开发的理念、观点、方法及措施等内容。

本书在内容体系上,分为两个篇章八个项目,设计了"理论篇"与"实训篇","理论篇"系统阐述了康养旅游产品设计的理念与方法,分为康养旅游产品认知、康养旅游产品设计认知、康养旅游产品设计方法、康养旅游产品定价四个项目,每个项目又包括若干子任务;"实训篇"按类别阐述了主流康养旅游产品的设计方法,分为森林康养旅游产品设计、中医药康养旅游产品设计、温泉康养旅游产品设计、康养旅游产品设计的其他类型四个项目,同时选取了典型产品设计工作任务进行训练,以培养学生的产品设计理念、设计技巧和设计能力。

本书既可作为职业院校旅游类专业的教材,也可作为康养旅游从业人员的培训资料,还可作为行业管理人员的参考用书。

未经许可,不得以任何方式复制或抄袭本书之部分或全部内容。
版权所有,侵权必究。

图书在版编目(CIP)数据

康养旅游产品设计 / 邬玮玮主编. -- 北京 : 电子工业出版社, 2024. 11. -- ISBN 978-7-121-49343-0
Ⅰ. F590.7
中国国家版本馆 CIP 数据核字第 2024636QG1 号

责任编辑:王志宇
印　　刷:河北虎彩印刷有限公司
装　　订:河北虎彩印刷有限公司
出版发行:电子工业出版社
　　　　　北京市海淀区万寿路 173 信箱　邮编　100036
开　　本:787×1 092　1/16　印张:11.25　字数:288 千字
版　　次:2024 年 11 月第 1 版
印　　次:2025 年 7 月第 2 次印刷
定　　价:45.00 元

凡所购买电子工业出版社图书有缺损问题,请向购买书店调换。若书店售缺,请与本社发行部联系,联系及邮购电话:(010)88254888,88258888。
质量投诉请发邮件至 zlts@phei.com.cn,盗版侵权举报请发邮件至 dbqq@phei.com.cn。
本书咨询联系方式:(010)88254523,wangzy@phei.com.cn。

前 言

近年来,随着人们对健康生活的重视,大健康产业正快速迈入新一轮的增长。作为旅游业和健康产业结合的康养旅游,拥有良好的市场环境,是发展空间巨大的新蓝海。2016年1月,国家旅游局(现中华人民共和国文化和旅游部)正式颁布了《国家康养旅游示范基地》(LB/T 051—2016)标准,康养旅游被定义为:通过养颜健体、营养膳食、修心养性、关爱环境等各种手段,使人在身体、心智和精神上都能达到自然和谐的优良状态的各种旅游活动的总和。"十四五"以来,康养旅游产业的政策支持力度加大,在《"十四五"文化和旅游发展规划》中明确提出:"发展康养旅游,推动国家康养旅游示范基地建设。"康养旅游已被社会和市场广泛认同,成为新的旅游方式。

在政策环境走向多维融合、健康需求焕新的背景下,人们对健康的需求已不单单是治疗,而是表现在预防、治疗、修复、康养"四结合"上。康养旅游元素、受众、产品、市场主体在逐渐迭代、纵向融合的同时,也向智慧健康、生活方式等领域横向延伸。党的二十大对于全面建成社会主义现代化强国做出了战略安排:从2020年到2035年基本实现社会主义现代化;从2035年到21世纪中叶把我国建成富强、民主、文明、和谐、美丽的社会主义现代化强国;同时强调:"高质量发展是全面建设社会主义现代化国家的首要任务。"而康养产业的发展正是人民生活健康幸福和社会文明进步的重要标志,是生存到生活的历史进程、温饱到品质的需要,是**值得高度重视的民生经济新增长点和朝阳产业**,承载着实现中华民族伟大复兴的中国梦的重要使命。因此,**康养产业是新时代催生的新业态,是生活新方式**,将逐渐成为大众旅游的常态模式。

康养旅游产品的设计与研发蕴含着广阔的市场空间。一方面,康养旅游产品将更加丰富。以中医药健康旅游、温泉旅游、森林生态游、康养运动游等健康养生为特色的旅游业态将受到更多人的青睐,新的产品和服务将适应满足多元化群体的需求。另一方面,康养旅游产品将更加注重体验性,适老化设计智能设备的应用将更加成熟。虽然行业发展迅猛,但康养旅游的理论研究还未引起足够的关注,也缺乏系统性的思考与梳理。为推进康养旅游行业可持续、规范化发展,理论研究及教材完善变得尤为重要。本书的出版对于康养旅游理论研究方面属于"补缺"性研究,不仅填补学术研究领域的空白,而且符合行业发展的新要求,使研究与社会经济发展需求的结合更为紧密。

本书结合实际，把握康养旅游的产业特性，在写作过程中参考了大量国内外的相关资料，并吸收了国内外学者的相关研究成果，结合康养旅游产业发展趋势，系统地介绍了康养旅游产品设计的理论知识，又对康养旅游产品设计实践进行了归纳总结与分析诠释，融入行业标准，采用项目化任务驱动体系编写，实施基于真实工作过程开发典型工作任务，并根据工作流程与认知规律设计项目逻辑。本书在采用理实一体设计的同时，配套相应信息化教学资源，借助二维码方式，进行行业视窗、图片呈现、案例阅读、政策导知、项目训练等教学互动，传统纸媒与数字媒体构成有机整体，服务教学。本书既可作为职业院校旅游类专业的教材，也可作为康养旅游从业人员的培训资料，还可作为行业管理人员的参考用书。

本书在内容体系上，分为两个篇章八个项目，设计了"理论篇"与"实训篇"，"理论篇"系统阐述了康养旅游产品设计的理念与方法，分为康养旅游产品认知、康养旅游产品设计认知、康养旅游产品设计方法、康养旅游产品定价四个项目，每个项目又包括若干子任务；"实训篇"按类别阐述了主流康养旅游产品的设计方法，分为森林康养旅游产品设计、中医药康养旅游产品设计、温泉康养旅游产品设计、康养旅游产品设计的其他类型四个项目，同时选取了典型产品设计工作任务进行训练，以培养学生的产品设计理念、设计技巧和设计能力。

本书由邬玮玮担任主编及统纂定稿，由李赫宇、虞燕芬担任副主编，袁佩君、史小珍、周菊芝参与编写，本书由王忠林主审。

本书是浙江省高职院校"十四五"重点立项建设教材项目研究成果，由于时间仓促和各方面的主客观原因，书中难免有不妥和疏漏之处，敬请广大读者不吝赐教。

编　者

目 录

理论篇

项目一 康养旅游产品认知 ·· 1

 任务一 康养旅游产品初识 ··· 3
  一、康养旅游的内涵 ··· 3
  二、康养旅游产品的内涵 ·· 4
  三、康养旅游产品的构成 ·· 5
 任务二 康养旅游产品分类 ··· 8
  一、按照经营模式分类 ··· 8
  二、按照消费者年龄分类 ·· 9
  三、按照健康状态分类 ··· 9
  四、按照康养资源分类 ·· 10
  五、按照康养区域分类 ·· 11
 任务三 康养旅游产品的影响因素 ·· 11
  一、资源禀赋 ··· 12
  二、市场特征 ··· 13
  三、产品体系 ··· 14
  四、政府政策 ··· 15
  五、品牌营销 ··· 16

项目二 康养旅游产品设计认知 ··· 19

 任务一 康养旅游产品设计初识 ·· 21
  一、康养旅游产品设计的界定 ··· 21
  二、康养旅游产品设计的类型 ··· 22
 任务二 康养旅游产品设计的依据 ··· 22
  一、康养旅游产品设计的主要原则 ··· 23
  二、康养旅游产品设计的理论依据 ··· 24
 任务三 康养旅游产品设计的主要内容 ··· 30

一、产品定位 31
二、背景分析 32
三、目标设计 33
四、主题设计 34
五、功能设计 35
六、重点产品设计 35
七、市场设计 35
八、投融资设计 36
九、经营管理设计 36
十、效益分析 36

项目三 康养旅游产品设计方法 38

任务一 康养旅游产品设计流程 41
一、制订产品设计计划 41
二、调查项目相关信息 41
三、创意设计 43
四、设计再完善 45
五、实施方案 46
任务二 康养旅游景区产品设计 46
一、康养旅游景区产品的构成 47
二、康养旅游景区产品设计的理念 48
三、康养旅游景区游线设计 50
四、康养旅游景区产品创新 52
任务三 康养旅游线路产品设计 54
一、康养旅游线路产品的类型 55
二、康养旅游线路产品设计的程序 56
三、康养旅游线路产品设计的要求 58

项目四 康养旅游产品定价 61

任务一 康养旅游产品的定价影响因素 63
一、康养旅游产品的价格特征 64
二、康养旅游产品的定价金字塔 65
任务二 康养旅游产品的定价方法 69
一、成本导向定价法 69
二、需求导向定价法 71
三、竞争导向定价法 72
任务三 康养旅游产品的定价策略 73

一、新产品定价策略 ……………………………………………………………… 74
　　二、心理定价策略 ………………………………………………………………… 75
　　三、折扣定价策略 ………………………………………………………………… 76
　　四、阶段定价策略 ………………………………………………………………… 77
任务四　康养旅游产品的计价方法 ………………………………………………… 77
　　一、康养旅游产品成本 …………………………………………………………… 77
　　二、成本加成率 …………………………………………………………………… 78
　　三、成本核算条件和测算表 ……………………………………………………… 78

实训篇

项目五　森林康养旅游产品设计 ………………………………………………………… 82

　任务一　森林康养旅游产品的界定 ………………………………………………… 84
　　一、森林康养的内涵 ……………………………………………………………… 84
　　二、森林康养旅游的内涵 ………………………………………………………… 85
　　三、森林康养旅游产品 …………………………………………………………… 86
　任务二　森林康养旅游产品的设计策略 …………………………………………… 91
　　一、森林康养旅游产品的目标群体 ……………………………………………… 91
　　二、森林康养旅游产品的"三因制宜"策略 …………………………………… 92
　任务三　森林康养旅游产品的设计模式 …………………………………………… 96
　　一、"森林旅游+本草康养"的林下中药模式 ………………………………… 97
　　二、"森林旅游+饮食康养"的生态美食模式 ………………………………… 97
　　三、"森林旅游+运动康养"的休闲健身模式 ………………………………… 98
　　四、"森林旅游+温泉康养"的康体度假模式 ………………………………… 98
　　五、"森林旅游+精神康养"的养心度假模式 ………………………………… 99
　　六、"森林旅游+滨海康养"的山海度假模式 ………………………………… 99

项目六　中医药康养旅游产品设计 …………………………………………………… 101

　任务一　中医药康养旅游产品的内涵 ……………………………………………… 103
　任务二　中医药康养旅游产品的类型 ……………………………………………… 105
　　一、医疗旅游产品 ………………………………………………………………… 105
　　二、中医药旅游产品 ……………………………………………………………… 106
　　三、中医药康养旅游产品 ………………………………………………………… 106
　任务三　中医药康养旅游产品的开发策略 ………………………………………… 108
　　一、依托资源集群，促进中医药康养旅游产品整合 …………………………… 109
　　二、构建配套产业，完善中医药康养旅游产品体系 …………………………… 109
　　三、规避商业气息，打造中医药康养旅游产品品牌 …………………………… 109

　　　　四、开展学术研究，助力中医药康养旅游产品创新 110
　　任务四　中医药康养旅游产品的开发模式 112
　　　　一、中医药康养旅游资源 112
　　　　二、中医药康养旅游产品的具体开发模式 115

项目七　温泉康养旅游产品设计 120

　　任务一　温泉康养旅游产品认知 122
　　　　一、温泉康养旅游产品的内涵 122
　　　　二、温泉康养旅游产品的特征 124
　　任务二　温泉康养旅游产品体系 125
　　任务三　温泉康养旅游产品设计方法 128
　　　　一、温泉康养旅游产品的价值 128
　　　　二、温泉康养旅游产品设计 129
　　任务四　温泉康养旅游产品开发 130
　　　　一、温泉康养旅游产品开发类型 130
　　　　二、温泉康养旅游产品开发业态 133

项目八　康养旅游产品设计的其他类型 142

　　任务一　运动康养旅游产品设计 144
　　　　一、运动康养旅游产品的内涵 144
　　　　二、运动康养旅游产品的开发策略 146
　　　　三、运动康养旅游产品的开发模式 147
　　任务二　乡村康养旅游产品设计 149
　　　　一、乡村康养旅游产品的内涵 149
　　　　二、乡村康养旅游产品的开发策略 150
　　　　三、乡村康养旅游产品的开发模式 151
　　任务三　文化康养旅游产品设计 154
　　　　一、文化康养旅游产品的内涵 155
　　　　二、文化康养旅游产品的开发模式 156
　　任务四　康养旅居产品设计 157
　　　　一、康养旅居产品的内涵 157
　　　　二、康养旅居产品的开发策略 159
　　　　三、康养旅居产品的开发模式 160

参考文献 164

项目一

康养旅游产品认知

项目导航

旅游市场竞争的焦点就是游客资源，产品的竞争永远是市场竞争的主要表现形式，旅游产品是旅游业的核心，在整个旅游经营活动中占据重要位置。康养旅游产品也是康养旅游体系中最为重要的概念之一，但由于从不同的学科基础、不同的研究方法及不同的研究目的出发，对于康养旅游产品的认知有所差异。

本项目从不同的角度对康养旅游产品的内涵、康养旅游产品的构成、康养旅游产品的类型、康养旅游产品的影响因素等进行了全面的分析和阐述。

学习要求

1. 掌握康养旅游产品的内涵，能够区分不同理论的含义及意义。
2. 掌握康养旅游产品的要素构成，能够根据需要配置合适的产品要素。
3. 理解与掌握康养旅游产品的类型，能够分析产品类型构成对康养旅游产品设计的指导意义。
4. 能够归纳康养旅游产品的影响因素，认识国内主要开发的康养旅游产品。
5. 增强对本专业的认知度、理解度和热爱程度。

思维导图

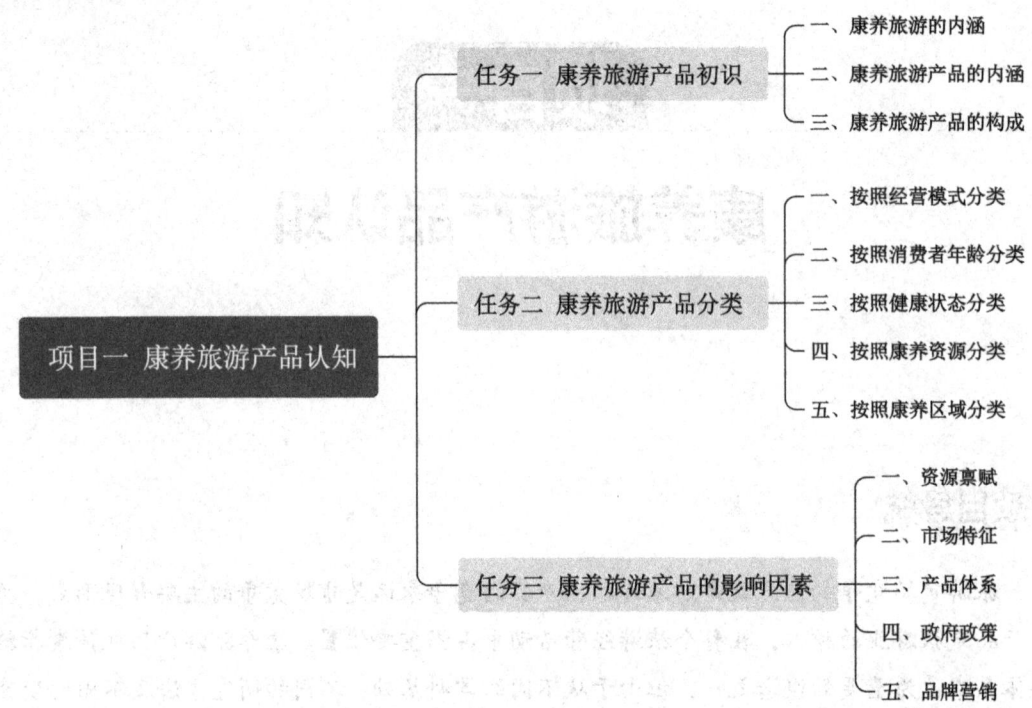

情境导入

四川省米易县康养度假田园综合体

米易县位于四川省西南，隶属素有"四川小三亚"的攀枝花市。因其气候条件优势，且阳光资源丰富，生态环境优良，为发展康养度假模式提供了先天的资源优势。康养社区配有大面积绿地、广场、花园、种植园区，为入住者提供了优美的居住环境，从个人居所到服务场所、公共空间全部为无障碍设计。同时，社区还配有餐厅、超市、洗衣店、银行、邮局、美容美发及各种娱乐活动场所，为入住者提供了专业高效的医疗健康服务、舒适周到的居家生活服务、丰富多彩的交流活动服务、精致全面的文化教育服务，将前沿移动医疗技术和相关设备广泛应用于养生产品，为客户量身定制康复疗养方案，开创了一站式"健康监测、体检、健康干预、康养云服务、移动医疗服务、调理、养生、修心"的康养全产业链。在米易县康养度假田园综合体的整体开发中，开发出了康养+度假、康养+文化、康养+运动、康养+农业、康养+娱乐等五种康养度假模式。

任务一
康养旅游产品初识

任务导读

本任务是康养旅游产品设计的第一个内容,对后面模块的学习发挥着基础性作用:首先,从历史纵向的角度来探寻何为康养旅游;其次,在综合各类学说相关研究论述后,给出本书对康养旅游产品概念的定位;最后,在此基础上,对康养旅游产品的构成进行了分析。

一、康养旅游的内涵

西方有关康养旅游的概念源于古希腊与罗马帝国时代的温泉疗法与温泉浴。18世纪中叶温泉疗法逐渐在贵族阶层兴起,由此欧洲便涌现出一大批兼具健康与休闲性质的温泉浴场和小镇。"二战"后,欧洲的大部分温泉浴场出于疗养战后伤员的目的开展经营,随后逐渐转型发展成为欧洲居民的疗养旅游目的地。除了温泉浴场与温泉小镇,欧洲的很多森林、海滨等气候适宜的地区也在这一时期被逐步开发为疗养目的地。为此,康养旅游这一概念于20世纪50年代开始在西方兴起,并逐渐被广泛采纳。"康养"一词最早由美国医生哈尔伯特·邓恩(Halbert L. Dunn)于1959年提出,他将"wellbeing"和"fitness"结合进而创造了"wellness"一词[①]。他认为,一个人的健康取决于其在特定环境中身体、思想、精神与状态的总和,"康养"表达的是高水平的健康状态。

我国虽然有关养生的观念很早就出现在《庄子·内篇》中,但我国现代康养旅游始于20世纪90年代初,当时很多地区开始推出保健康复游。然而因思想观念和经济发展水平等因素的限制,我国现代康养旅游发展的速度较为缓慢,并在较长时期内始终处于初步发展阶段。直至近年来,随着人们生活节奏的加快和生活压力的增加,加之各种突发公共卫生事件的爆发,人们的健康意识有了较大提高,放松身心与恢复健康逐渐成为人们内心的美好希望与追求。在此背景下,康养

拓展:康养旅游有哪些新风尚?

---

① Dunn H L. High-level Wellness for Man and Society[J]. Americar journal of public health and the nation's health, 1959, 49(6): 786-792.

旅游开始受到社会各界的高度重视,并迅速发展起来,成为一种新兴的旅游业态。

2016年1月,国家旅游局(现中华人民共和国文化和旅游部)发布《国家康养旅游示范基地标准》(LB/T 051—2016),认为康养旅游是通过养颜健体、营养膳食、修心养性、关爱环境等手段,使人在身体、心智和精神上都达到自然和谐的优良状态的各种旅游活动的总和。这种观点较符合目前国人对康养旅游的认识和需求。

二、康养旅游产品的内涵

《国家康养旅游示范基地》

康养旅游产品是康养旅游经营活动的核心,在康养旅游的研究体系中,康养旅游产品是最为重要的概念之一,也是康养旅游最基本、最核心的课题,康养旅游产品是一个宽泛的概念,从不同角度看有着不同的含义,由于人们从不同的学科基础、不同的研究方向和不同的研究目的出发,因而对于旅游产品概念的认识也有所不同。同时,随着研究的不断深入,人们对康养旅游产品的认识也在不断地深化和发展。

"经历说"认为,康养旅游产品是一种经历和体验,是指康养旅游者自离家出发之时起到旅游结束返回家中这段时间内所有的活动,旅游者在这段时间内所经历和接触的一切就是构成康养旅游产品的要素,康养旅游产品即涵盖旅游者康养旅游活动的全部经历的各种事物与现象的总和,康养旅游产品是指旅游者花费一定的时间、精力和费用所获得的经历和感受。

"服务观"认为,康养旅游产品是一种服务或服务和实体的结合,是旅游经营者凭借一定的旅游资源、旅游设施和其他媒体,向康养旅游者提供的用于满足旅游者需求的各种物质产品和劳务的总和。

"综合观"认为,康养旅游产品是一个综合体,是一个整体概念,由康养旅游资源、康养旅游设施、康养旅游服务和康养旅游商品等多种要素组合而成。康养旅游产品是构成总体旅游经历的服务活动与利益的综合体,包括目的、设施、可进入性、形象和价格。

"层次结构说"认为,强调旅游产品的层次性和结构性。美国著名旅游规划学者冈恩(C. A. Gunn)认为,在旅游产品的组成要素中,吸引物是最为重要的部分。[1] 米左科沃斯克(Mieczkowski)认为,旅游产品由人文吸引物、旅游基础设施部分环境因子(自然吸引物)所组成,另外一些环境因素虽不被当作旅游资源来使用,但同样对目的地的性质起到重要作用。

综合诸多观点,康养旅游产品的定义如下:从旅游者的角度看,康养旅游产品是指旅游者花费一定的时间、精力和费用所获得的经历和感受;从旅游经营者角度看,康养旅游产品是指旅游经营者凭借一定的旅游资源、旅游设施和其他媒体,向旅游者提供的用于满足旅游者需求的各种各样的物质产品和劳务的总和;从整体上看,康养旅游产品是指能满

---

[1] Gunn C A, Dykeman F W. Small town and rural tourism planning[C]//1988: 107.

足旅游者在康养旅游过程中的各种欲望和需要的物质实体和非物质形式的劳务的总和。

其基本内涵包括以下三点。

(一)康养旅游产品以养生为主要目的

虽然旅游者参加康养旅游活动的目的众多,活动内容也较为丰富,但最为核心的目的是提升和改善旅游者自己的身心健康,以达到修身养性和养生保健的效果。因此,康养旅游者特别注重通过"旅游"这一形式来缓解身体的疲劳和释放精神的压力,实现身心的和谐与健康。

(二)康养旅游产品以优美的自然与人文环境为依托

虽然康养旅游是旅游的一种形式,但与其他旅游形式所不同的是,它对旅游环境,如气候、时令、地貌、植被、水域及人文环境等有着较为特殊和高品质的要求。气候良好、空气清新、环境清幽、景色宜人、静谧温馨的环境是康养旅游的理想目的地。

(三)康养旅游产品是一种典型的旅游度假产品

由于康养旅游以养生为主要目的,这就决定了它与强调"动""速度""走马观花"式的观光旅游有着较大的不同。相比之下,康养旅游更需要在一个优美宜人的环境中尽可能地"静处""静心"和"静养"。因此,康养旅游在本质上与旅游度假有着更多的相似之处,是一种以养生为主要目的的旅游度假活动。

三、康养旅游产品的构成

从康养旅游产品经营角度看,康养旅游产品是由旅游资源、旅游设施、旅游服务、旅游购物品和旅游通达性等要素构成的,如图 1-1 所示。其中,康养旅游资源是康养旅游产品的核心,康养旅游设施是康养旅游产品的载体,康养旅游服务是康养旅游产品的主体。

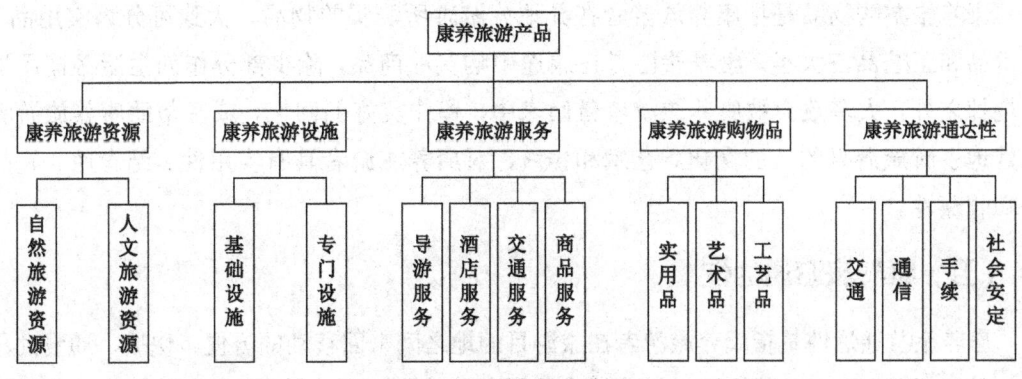

图 1-1 康养旅游产品结构

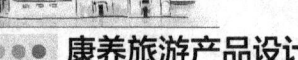

（一）康养旅游资源

康养旅游资源是康养旅游者选择目的地的决定因素，因而成为康养旅游产品的核心要素。在自然界和人类社会中，凡是能吸引康养旅游者进行康养旅游活动，能给康养旅游业带来各种综合效益的事物都可称为康养旅游资源，按其本身的属性和组成要素可以分为自然旅游资源和人文旅游资源两大类。康养旅游资源最显著的特征是具有吸引功能，能从不同层面来激发并满足康养旅游者审美、休闲、娱乐、探险和考察的需要，促进康养旅游行为的发生。

（二）康养旅游设施

康养旅游设施是实现康养旅游活动所必须具备的各种设施、设备和相关的物质条件，是实现康养旅游资源价值的载体要素。它虽然不是刺激康养旅游动机的主要因素，但也会影响康养旅游者的出游决定，一般分为基础设施和专门设施两大类。基础设施是指为康养旅游活动有效开展而必不可少的各种公共设施，包括城镇（风景区）道路、桥梁、供电、供热、通信、给排水，以及城市街区绿化、路灯和交通工具等。专门设施是指康养旅游经营者直接服务康养旅游者的凭借物，通常包括游览设施、餐饮设施、住宿设施和娱乐设施等。

（三）康养旅游服务

康养旅游服务是康养旅游产品的主体要素，是实现康养旅游资源和康养旅游设施价值的关键。康养旅游服务可分为可视服务和不可视服务两大类，康养旅游者购买的康养旅游产品，除少部分的膳食和旅游纪念品外，大多是无形的康养旅游服务，包括导游服务、酒店服务、交通服务和商品服务等。不管康养旅游服务内容怎样变化，服务质量都取决于服务的观念、态度、技巧和服务的价格。

（四）康养旅游购物品

康养旅游购物品是指康养旅游者在异地旅游时所购买的物品，大致可分为实用品、艺术品和工艺品三大类。康养旅游者在旅途中购买的商品，除少部分作为生活必需品被消耗掉之外，大多数会被康养旅游者带回家中，留作美好的回忆，或者帮助康养旅游者更好地了解旅游目的地的文化、艺术和传统，对康养旅游者具有实用性、纪念性、礼品性和收藏性。

（五）康养旅游通达性

康养旅游通达性是指康养旅游者在旅游目的地之间来回移动的方便、快捷、通畅的程度，具体表现为进出康养旅游目的地的难易程度和时效标准，主要可从下述四个方面加以考察：一是交通条件的顺达性；二是通信条件的便捷性；三是手续的繁简程度；四是社会环境的安全性。康养旅游通达性对旅游产品的成本、质量和吸引力等有较大的影响，因此也是康养旅游产品构成的重要内涵。

思政小课堂

中国高铁："中国速度"迈向新征程

改革开放40余年，从"跟跑者"到"领跑者"，中国高铁创造了中国新速度，为世界高速铁路商业运营树立了新的标杆。新时代，作为"中国名片"的中国高铁也将踏上新征程，跑出发展新速度。

中国铁路用几十年走过发达国家几百年的路，中国高铁更是谱写了一曲提速超越的蝶变篇章。中华人民共和国成立之初，全国铁路总里程仅2.18万公里，还有一半处于瘫痪状态。对此，中国政府明确提出要创造一些基本条件恢复交通运输。从那以后，"交通先行"的理念始终在各项政策中延续：1953年起，国家有计划地进行交通运输建设；1978年，改革开放推进交通运输优先发展，国家加大政策扶持力度；1992年，社会主义市场经济体制建立，交通运输不断加大改革开放力度，各种运输方式发展取得突破性进展；2004年，国务院常务会议通过的《中长期铁路网规划》为高铁体系发展提供了清晰框架；2016年，我国"四纵四横"高铁网基本成型，长三角、珠三角、京津冀三大城市群高铁已连片成网，东部、中部、西部和东北四大板块实现高铁互联互通；现在，"高速铁路网（八纵八横）+普速铁路网+综合交通枢纽"的结构体系是高铁人奋斗的目标。

中国高铁发展的速度和成绩，举世瞩目。2019年7月8日，世界银行发布了《中国的高速铁路发展》报告，用大量翔实的数据向世界展示中国高铁：营业里程超过世界其他国家高铁营业里程总和，相比全球各国，中国高铁票价最低；建设成本约为其他国家建设成本的2/3。与此同时，在"一带一路"倡议的指引下，中国铁路积极走出去，与世界各国分享建设发展成果，为世界贡献中国方案。一条条中国人修建的铁路在不断延展，与世界共享中国高铁的发展成果，寻求利益契合点和合作最大公约数；一趟趟中欧班列将中国产品运输到世界各国。这条走出去的道路有多少曲折和艰辛，就收获了多少关注和自豪！

思政小课堂
分析提示

问题：中国高铁为什么发展得这么快？

任务二
康养旅游产品分类

> **任务导读**
>
> 康养旅游以良好的自然气候为基础，具有准公共产品特性，本质上又是文化产业，对康养旅游产品进行分类研究，有助于厘清康养旅游产业发展的基本规律，为康养旅游产品定位和设计提供理论基础。

一、按照经营模式分类

（一）候鸟式康养旅游

候鸟式康养旅游是指，夏季为了避免天气炎热到凉爽宜人的地方避暑；冬季为了避免天气寒冷前往温暖之地避寒，像候鸟一样来回迁徙。候鸟式养老倡导在最舒适、最具魅力的季节去感受康养城市的魅力，不仅有康养的功能，而且有助于延缓和降低慢性病的复发。

（二）疗养式康养旅游

疗养式康养旅游兼顾旅游、医疗和康养功能，在康养中强调医疗角色，让康养老人身体健康、身心愉悦，在康养中提高生活质量。这种康养模式需要建立在医学相对发达的地区，且环境优美，能够为康养老人提供全面的康养服务。适合的人群属于从康养向医养过渡阶段的老人，尽量延长康养阶段的老年人生。与候鸟式康养旅游不同，疗养式康养旅游对气候的要求不高，而是要求优质的康养医疗技术和服务水平，这也是未来康养产业核心竞争力的重要体现。

（三）乡村式康养旅游

农村空气新鲜、安静的生活、慢节奏的氛围，都是康养旅游发展的条件。农业是第一产业，康养旅游属于第三产业，二者的有机结合，能让农村经济直接接轨服务业，提高经济发展质量，增加农民收入，同时也能让农村的剩余劳动力有了就业渠道，实现双赢和共同发展的目的。浙江天目山农家养老项目和上海崇明岛农家养老项目已采取这种运作模式，老人与农户签订长期居住协议，体验农家生活，享受大自然的生态之美。

（四）综合式康养旅游

实际的康养旅游，并没有以上明显分类，而是综合以上特点。康养旅游的地点需要环境优美，具有一定观光价值的风景，消费者候鸟式康养模式居多，一般都有基本的医疗护理，以防止突发疾病。康养的地点一般都在城乡接合部，在城市成本太高，在农村又太不方便，因此纯粹的乡村康养旅游不太现实，所以综合式康养旅游还是比较常见的模式。

二、按照消费者年龄分类

康养不分年龄、性别，从理论上讲，任何人、任何时候都需要康养，按照年龄一般分为以下四种类型。

（一）孕妇、婴幼儿康养旅游

孕妇和婴幼儿是特殊的群体，随着人们优生优育观念的增强，孕妇与婴幼儿康养必定是发展的方向之一。孕妇和婴幼儿康养的地点不能离原住地太远，要有必要的医疗设施，空气清新，环境优美，能够化解孕妇的压力与焦虑感，也有利于婴幼儿的成长。

（二）青少年康养旅游

青少年康养是指为满足青少年旅游、教育、体育及心理咨询等方面需要的康养产业。青少年是中国的未来，需要一个积极、阳光、健康的人格，因此青少年康养主要在旅游、教育、体育和心理咨询方面着力，以便让青少年有一个正能量的积极的世界观、人生观和价值观。

（三）中年康养旅游

从走上工作岗位到退休，是人生的职场阶段。经济的快速发展、市场竞争的加剧以及工作模式的不断创新等，加剧了职场人士的亚健康问题和职场压力。职场人士的康养旅游需求主要是缓解亚健康问题和职场压力，因此职场人士的康养具有较大的市场潜力。

（四）老年康养旅游

在我国老龄化进程加速的同时，老年群体消费能力也在提升，老年群体对美好生活的需求也更加旺盛，旅居养老随之成为新的养老模式。此时的康养旅游不仅包含旅游产业，也包含医疗护理、慢性病调理、健康体检、老年娱乐等精神文化内容。

三、按照健康状态分类

按照消费者健康状态分类，一般人群可以分为健康、亚健康和病患三类，他们的康养旅游需求也是不同的，分别是身心保养、亚健康疗养、医疗护理。

（一）身心保养康养旅游

健康人群需要通过充足休息睡眠、健康运动、平衡膳食来保持健康，同时应当调理自身心态，达到天人合一的生存状态，积极、阳光、正能量是其康养旅游的目标。

（二）亚健康疗养康养旅游

亚健康人群是康养产业关注的人群之一，长期亚健康会转变为疾病，也会影响工作效率，因此调理亚健康十分重要。亚健康人群的康养旅游应关注疾病防治、身体检测、康复保健、心理调理等方面的内容，合理分解工作和生活的压力，使其坦然面对生活，减少焦虑感，学会轻松、愉快地工作和生活。

（三）医疗护理康养旅游

医疗护理康养旅游是针对病患者的康养旅游，集旅游、康养、医疗、治病于一体，是发展相对成熟的康养类别。

四、按照康养资源分类

（一）森林康养旅游

以空气清新的森林景观为依托，通过对森林资源的开发，发展康养、旅游、娱乐、疗养、度假、运动、养老等产业，如西昌的森林康养模式。

（二）阳光康养旅游

通过对当地特殊的阳光、气温、特产进行康养旅游开发，配套养老、健康、旅游等相关服务，形成当地特色的康养产业，如攀枝花的阳光康养模式。

（三）海洋康养旅游

海洋康养旅游主要在中国沿海地区，以海洋景观、沙滩、特殊的气候等为依托，开发海洋运动、健身、度假等产业，如海南三亚。

（四）温泉康养旅游

温泉是一种特殊资源，有资源优势的地区可以依托温泉的保健和疗养功能，结合中医、中药，发展温泉康养旅游，这是特色康养旅游资源。

（五）中医药国学康养

整合传统疗法、中草药等中医资源，结合中国国学的精髓，把握诸子百家的养生哲学，形成养生、修心、旅游等产业。

五、按照康养区域分类

（一）康养旅游度假区

康养旅游度假区康养主题明确，有一定的创新性或独特性，是具有一流的医疗旅游配套与服务，较度假地产周期性度假属性更强的康养区域。

（二）康养旅游产业园

康养旅游产业园是康养产业集聚发展，上下游产业链形成闭环，聚焦单一特定康养需求的康养旅游产品，通常伴有衍生性需求，具有发展观光旅游（线路）的条件，具有中短期度假属性。

（三）康养旅游小镇

康养旅游小镇特色康养优势显著，并围绕形成产业集聚，伴有与医疗结合的元素，自然和人文旅游资源丰富，形成旅游路线中长期度假属性。

（四）康养旅游城

康养旅游城建设由政府牵头开展，企业后续跟进，须有一定规模，以适合大城市产学研融合、产城结合、区域发展等，适合长期居住。

任务三　康养旅游产品的影响因素

任务导读

本任务分析了康养旅游产品受多维度交互影响，并列举了国内部分省（区、市）康养旅游产业发展态势与特征，有利于学习者探索适合地域实际的康养旅游产品发展道路，促进康养旅游业转型升级。

一、资源禀赋

资源是进行康养旅游开发的前提。资源禀赋是影响康养旅游产品的主要因素，资源禀赋的差异决定了康养旅游发展的速度、程度和高度。康养旅游产品目前在我国空间范围内呈现"整体分散，局部集中"的特点，主要集中于东北、东部、中部和西部4个区域，并已形成典型的区域特色和差异化竞争优势（见表1-1）。

表1-1 国内康养旅游产品的空间区域分布

区域	地理范围	特色产品	典型案例
东北	黑、吉、辽	冰雪体育康养旅游、森林康养旅游等	五大连池、黑龙江小兴安岭、吉林长白山、辽宁天桥沟等
东部	京、津、冀、鲁、苏、浙、沪、闽、粤、琼、港、澳、台	高端医疗旅游、滨海休闲养生、体育康养旅游、中医疗养与养生旅游、温泉旅游等	江苏泰州中国医药城、河北以岭健康城、杭州东方文化园、浙江中翔绍兴温泉城、天津健康产业园、河北秦皇岛北戴河、山东青岛市崂山湾国际生态健康城、福建平潭综合实验区、海南博鳌乐城国际医疗旅游先行区等
中部	晋、豫、皖、鄂、赣、湘	养生休闲度假旅游、森林康养旅游、体育康养旅游、宗教文化康养旅游、中医药康养旅游、田园养生旅游等	湖南灰汤温泉、河南信阳市鸡公山、江西萍乡市武功山风景区、安徽九华山风景区、安徽亳州华佗故里文化旅游基地、湖北武当山等
西部	川、渝、云、黔、桂、藏、陕、甘、宁、青、新、蒙	森林康养旅游、温泉康养旅游、气候养生养老旅游、民族医药康养旅游、山地休闲康养旅游等	贵州赤水康养旅游示范基地、广西桂林市健康旅游示范基地、内蒙古蒙医药原生态旅游景区、金阳中医药健康旅游城、四川龙泉健康科技旅游示范中心、云南白药大健康产业园、西藏拉萨净土健康产业观光园

东北地区包括黑龙江、吉林、辽宁三省，其凭借自然冰雪资源及优质的自然生态资源，逐渐形成冰雪体育康养旅游、森林康养旅游等地区品牌。

东部地区包括京、津、冀、鲁、苏、浙、沪、闽、粤、琼、港、澳、台13个省和直辖市，它们具备经济发达、基础设施完善、对外开放环境优良等优势，使得该区域发展成为国内康养旅游产业最发达的区域，已形成高端医疗旅游、滨海休闲养生、体育康养旅游、中医疗养与养生旅游、温泉旅游等地区品牌。东部地区的康养旅游产业体系成熟，配套服务完善，产业发达程度位居全国前列。受东部地区资本市场驱动，主题康养旅游小镇、产业园区（集群）等新业态最早出现在东部地区，发展规模也最大。

中部地区包括晋、豫、皖、鄂、赣、湘6个省份，其具有丰富的自然资源和文化资源，已逐渐形成养生休闲度假旅游、森林康养旅游、体育康养旅游、宗教文化康养旅游、中医药康养旅游、田园养生旅游等地区品牌，但因为产业基础相对薄弱，康养旅游产业规模不大，产业链不成熟。

西部地区包括川、渝、云、黔、桂、藏、陕、甘、宁、青、新、蒙12个省、自治区和直辖市，拥有优质的自然生态康养旅游资源，已逐步形成森林康养旅游、温泉康养旅游、气候养生养老旅游、民族医药康养旅游、山地休闲康养旅游等地区品牌。西部地区的康养旅游产业发展具有典型的资源驱动特征。受经济发展水平、基础设施和地理区位的局限，西部地区康养旅游产业整体处于起步阶段，产业发展速度较慢，产业总体规模不大。

二、市场特征

康养旅游是品质较高的旅游形式，是一定经济水平下的产物，对于旅游目的地建设的要求高，对于消费人群的经济能力要求也较高，消费者需要付出一定的经济成本才能体验到优质的服务。国内各省份根据自身康养旅游产业发展及战略目标需要，选择适合各自实际的产业发展模式（见表1-2）。广东、上海、江苏、浙江、福建等东部经济发达省市普遍实施了市场驱动型集聚发展模式，以康养旅游客源市场为中心，通过聚集资本要素以发展康养旅游集群、综合体、示范区、康养旅游小镇等。对于具有自然生态资源优势但经济欠发达的中部、西部省份，一般选择资源驱动型集聚发展模式，围绕康养资源富集的区域布局，发展康养旅游全产业链，以构筑多维康养旅游产业生态系统。

表1-2 我国第一批健康旅游示范基地基本情况

基地名称	基本情况
天津健康产业园	天津健康产业园是宜居示范区中最为重点的工程，园内规划多家专科医院，集科研、医药、高端养老于一身，肩负着提高天津城市居民健康水平的重任。天津健康产业园包括天津医科大学教育园区、天津中医药大学医疗机构、天津体育学院的国际康复运动中心、中医第三附属医院、国际康复疗养中心。拥有国内一流、国际领先的康复机构
河北秦皇岛市北戴河区	河北秦皇岛市北戴河区是闻名中外的旅游度假胜地，拥有海洋、森林、湿地三个主要的生态系统。有联峰山、鸽子窝、中海滩三大风景群组等40余处景观，先后荣获"首批国家重点风景名胜区""中国优秀旅游胜地四十佳""中国优秀旅游城市"等称号
上海新虹桥国际医学中心	上海新虹桥国际医学中心项目于2010年3月正式启动，2014年12月所在地区被确定为国家社会办医联系点，逐步推进国内外优质医疗资源的整合集聚，品牌效应显现。美国安德森癌症中心、新加坡百汇医疗集团、美国通用医疗、日本BML株式会社、国药控股等国内外医疗机构纷纷参与入驻园区。另外，复旦大学附属华山医院也与园区毗邻，旨在带动园区医疗资源的综合实力，进一步推动医疗健康产业加速发展
江苏泰州市姜堰区	姜堰区锁定"打造生态宜居的旅游度假养生基地"发展目标，着力提升"溱湖旅游核心区"和"城区文化旅游区"两大板块，加快发展"乡村休闲旅游""宗教禅修旅游"两大集群，全力打造集"医、药、养、游"于一体的大健康旅游产业，不断提升姜堰旅游的丰富度、舒适度和知名度
浙江舟山群岛新区	舟山群岛新区利用舟山优越的自然生态资源和旅游资源，开发特色健康旅游线路，发展以禅修康养为主题的健康旅游新业态，推进医疗、康复、养生与健康旅游的深度融合
安徽池州市九华山风景区	九华山风景区是首批国家重点风景名胜区，国家5A级旅游区，全国文明风景旅游区示范点，国家首批自然与文化双遗产地，安徽九华山与山西五台山、浙江普陀山、四川峨眉山并称为中国佛教四大名山。人文资源和自然资源丰富，利于发展康养产业

续表

基地名称	基本情况
福建平潭综合实验区	旅游休闲区由两个组团组成：坛南湾组团发展方向为国际旅游、养生度假；海坛湾组团发展方向为海滨观光、娱乐休闲
山东青岛市崂山湾国际生态健康城	积极落实健康中国战略，抢抓新旧动能转换重大机遇，崂山区将进一步推动崂山湾国际生态健康城全面建设，计划通过近、中、远期三个阶段，形成医疗、健康科技及康养旅游三大百亿级产业集群，打造"国际尖端诊疗健康枢纽、全球前沿健康产业创新中心、东北亚高端健康旅游目的地"
中国（广东）自由贸易试验区广州南沙新区	旅游资源丰富，医疗技术水平较高，费用水平相对较低，并具有传统医药和养生特色
广西桂林市	2020年以来，桂林市新实施大健康旅游产业项目21个，到位资金27.78亿元；融创、深圳益田、上海复星、中国中药等10余家健康旅游龙头企业成功落地建设；广西医疗器械（桂林）产业示范园、益田、雁山民国风情小镇（一期）、秀峰区城市绿道系列建设项目等一批大型健康旅游项目被列入2020年广西壮族自治区层面统筹推进重大项目
海南三亚市	在首批中医药国际合作专项项目启动会确立的17个中医药国际合作专项中，三亚市中医院将承建"中医药健康旅游示范基地"，标志着三亚市中医院大力倡导的"中医药健康旅游事业"已上升为中医药参与国家"一带一路"倡议
海南博鳌乐城国际医疗旅游先行区	海南博鳌乐城国际医疗旅游先行区是我国首个以国际医疗旅游服务、低碳生态社区和国际组织聚集为主要内容的国家级开发园区，是重大国家战略常用关键词
贵州遵义市桃花江	桃花江国际健康医疗旅游示范基地项目以湄潭县桃花江10平方公里为核心区域，辐射遵义红花岗区、汇川区、新蒲新区等三区四县。该项目总投资8亿元，占地约70万平方米，规划建筑面积10万平方米，是集生命科学、健康管理、养生养老、休闲度假与旅居生活于一体的生命健康综合体

三、产品体系

为适应新时期市场需求变化趋势，国内各省立足自身资源禀赋，运用新技术、新载体、新形式、新功能、新平台等创新要素，以创新康养旅游产品为重点，构建具有竞争优势的康养旅游特色产品体系（见表1-3）。康养旅游发达省份普遍实施"1+X"产品策略，"1"是最具地域特色和比较竞争优势的康养旅游产品，以塑造标志性的地区康养旅游产品品牌，如海南的医疗旅游、云南的养老旅游、山东的滨海休闲康养旅游、黑龙江和吉林的冰雪体育康养旅游、重庆的温泉旅游等。"X"是种类齐全、层次多样、功能互补的康养旅游产品系列，以满足市场多元化需求。国内大多数省份均分层次和成体系地构建种类齐全的康养旅游产品体系，但也普遍存在规模小、品质低、效益差等问题。一些省份实施产品创新策略，从功能创新、形式创新、技术创新、平台创新等方面创新康养旅游产品，逐渐形成新的产品竞争优势，如海南省创新"医疗+旅游"模式，推出博鳌乐城国际医疗旅游先行区的"1+X"一站式康养旅游服务、"旅行社+疗养"中医药服务等。浙江、四川、黑龙江、湖南、云南、贵州等省份创新"森林+康养"旅游模式，转型开发森林养生旅游、森林医疗旅游、森林休闲旅游、森林体育旅游等主题康养旅游产品。

表1-3 国内部分省份康养旅游产品体系

省份	特色产品	特色产品体系
海南	医疗旅游	博鳌乐城国际医疗旅游先行区的"1+X"一站式康养旅游服务；"旅游+疗养""旅行社+疗养"中医药旅游产品
云南	养老旅游	"养生、度假、休闲+养老院"、候鸟式度假养老社区、乡村颐养新村、具有养老旅游功能的景区、度假型养老旅游酒店等类型的养老旅游产品
贵州	山地休闲康养旅游	"山地+避暑休闲""山地+民族文化""山地+生态观光""山地+养生度假""山地+户外运动""山地+温泉旅游"
重庆	温泉旅游	温泉+景区、温泉+酒店、温泉+中医疗养、温泉+旅游线路、温泉小镇、温泉旅游房地产等
广东	中医药康养旅游	创新中医药健康旅游、保健养生旅游服务产品，构建岭南中医药旅游产品体系
山东	滨海休闲康养旅游	滨海中医理疗、滨海养老、避暑养生、膳食疗养、海水热疗项目，建设一批海岛健康旅游目的地、滨海休闲度假养生基地
江西	养生休闲度假旅游	生态养生、温泉养生、中医养生、运动养生、田园养生、宗教养生6类养生旅游产品
黑龙江 吉林	冰雪体育康养旅游	冰雪运动、品牌赛事、竞赛表演、冬季研学、中医药旅游、"定制旅居"等
湖南 浙江	森林康养休闲旅游	森林养生、森林医疗、森林休闲、森林体育、森林研学等森林主题康养旅游产品

四、政府政策

康养旅游是综合性的产业，涉及的其他产业和部门较多，当前一般是结合森林、温泉、气候、海洋、中医药等资源发展康养旅游和培育相应的产品体系，而这些涉及多个资源管理部门的联合支持，需要政府出台相关政策为康养旅游的发展提供有力保障。制度环境通过制定产业规划和产业政策来影响产业发展的外部条件。国内康养旅游产业尚处于起步阶段，出台扶持政策与产业规划有利于为康养旅游产业高质量发展创造良好的条件。海南、四川、云南、贵州、新疆、广西、黑龙江、青海等省份均出台了康养旅游产业专项发展规划和政策文件，从顶层制度设计层面明确了康养旅游产业的重要地位，从宏观战略上科学规划了康养旅游产业发展方向和布局，从政策落实方面细化支持康养旅游产业发展的具体优惠政策和扶持举措（见表1-4）。

表1-4 国内康养旅游政策一览表

时间	文件/政策名称
2014年8月	《国务院关于促进旅游业改革发展的若干意见》
2015年8月	《国务院办公厅关于进一步促进旅游投资和消费的若干意见》
2016年1月	《国家康养旅游示范基地标准》
2016年4月	《中国生态文化发展纲要（2016—2020年）》
2016年5月	《林业发展"十三五"规划》

续表

时间	文件/政策名称
2016年10月	《"健康中国2030"规划纲要》
2019年3月	《关于促进森林康养产业发展的意见》
2019年6月	《乡村旅游示范村等级划分与评价》
2021年2月	《康养旅游——养生旅游服务规范》
2021年3月	《中华人民共和国国民经济和社会发展第十四个五年规划和2035年远景目标纲要》
2021年5月	《"十四五"民政事业发展规划》
2021年6月	《中华人民共和国乡村振兴促进法》
2021年7月	《康养旅游基地设施与服务规范》
2021年12月	《"十四五"旅游业发展规划》
2021年12月	《全国林下经济发展指南（2021—2030年）》
2022年4月	《"十四五"国民健康规划》

扫一扫，查看部分政策内容：

《国务院关于促进旅游业改革发展的若干意见》

《"健康中国2030"规划纲要》

《康养旅游养生旅游服务规范》

《中华人民共和国国民经济和社会发展第十四个五年规划和2035年远景目标纲要》

《"十四五"国民健康规划》

五、品牌营销

目前国内各省份均高度重视打造康养旅游品牌（见表1-5），在具体品牌策略方面各省份的选择可以分为两类：一类实施母子品牌组合策略。母品牌展示地区整体康养旅游品牌形象，子品牌体现省辖市区的差异化康养旅游子品牌特色。据统计，全国约有14个省份实施母子品牌组合策略,其明确提出建设国际(全国)康养旅游目的地品牌,并系统实施康养旅游品牌经营战略。例如,海南省打造海南特色的医疗健康品牌,推出博鳌乐城国际医疗品牌、"南药花园""芳香花园"森林康养品牌和南药特色养生保健产品等系列子品牌;河北省通过打造山海康养旅游、燕山深呼吸、冰雪运动、长城绿道、山水度假、红色太行、峡谷探险、太行养生八大产品以全方位支撑世界一流滨海康养旅游度假区品牌。另一类实施独立产品品牌策略。各省份通过培育和营销多个康养旅游产品品牌以扩大市场知名度和影响力。例如,广西重点打造巴马中脉国际养生都会、永福寿城百寿养生文化旅游主题小镇等重点项目,以树立健康养生旅游标杆,产生一批"桂字号"健康旅游高端商品,培育一批区域康养旅游基地和龙头企业品牌,"以点带线、连线成片"辐射带动全省大健康旅游产业发展。

表1-5 国内部分省份康养旅游的品牌定位

省份	品牌战略定位
山西	康养山西
黑龙江	中国生态康养旅游目的地
贵州	多彩贵州·度假康养胜地
安徽	国际知名森林康养目的地
云南	世界康体养生旅游地
广西	世界健康旅游目的地
新疆	国际知名康养度假胜地
宁夏	康养福地
海南	健康旅行、医养海南
湖北	灵秀湖北,康养荆楚
吉林	避暑休闲名省
河北	世界一流滨海康养旅游度假区
山东	仙境海岸、养生福地
青海	康养休闲之都

案例1:海南深耕"康养+旅游"产业

案例2:西双版纳州文旅康养产业高质量发展三年行动计划(2023—2025年)

案例3:康养山西 夏养山西"的榆社实践——榆社县擦亮云竹湖"金字招牌",拉动文旅康养产业高品质发展

项目思考

1. 什么是康养旅游产品，构成要素有哪些？
2. 康养旅游产品根据不同方法，如何进行分类？
3. 分析康养旅游产品的主要影响因素。
4. 根据不同维度，请列举我国主要康养旅游产品。

项目作业

旅游产品创意案例：云南腾冲火山热海康养服务

腾冲有99座火山，88眼温泉，被誉为云南著名的康养旅游胜地。腾冲市委、市政府立足自身独有优势和特点，顺势而谋，提出了以"大健康"统领一、二、三产业，深入推进"健康食品、健康医药、健康运动、健康旅游"四大产业发展，全力将腾冲打造成一个世人向往的宜居宜业宜游健康生活目的地的大发展目标。

拓展：云南腾冲火山热海：旅游养生融合的先行者

火山热海丰富的火山地质资源、温泉地质资源造就了得天独厚的自然资源禀赋，拥有优质珍稀温泉，火山天然磁场，森林覆盖率达90%，PM2.5长期小于10，负氧离子达每立方厘米3.8万个，是天然的大氧吧。腾冲热海的温泉资源利用历史有近千年，中华人民共和国成立后，1961年中国人民解放军第七十一医院在热海设立诊疗所，并系统地观察和总结了1 000多例病员的疗效；20世纪60年代以来，北京大学、西南师范学院、中国科学院地质研究所等单位对腾冲热海进行了多次系统的考察。

2004年，云南腾冲火山热海先后获得"中国温泉朝圣地""最原生态温泉""最具养生价值温泉"等60余项荣誉，当地政府编写了《温泉质量等级评定与划分》《温泉水质分类》两个行业标准，以及《云南省温泉企业等级评定与划分》《温泉场所标识》等四个地方标准，为行业发展和地方经济建设做出了突出贡献。

2023年，中国林业产业联合会公布了国家级森林康养试点建设单位名单，腾冲火山热海荣获"国家级森林康养试点建设基地"的授牌。这是继获得"全国特色中医药温泉疗养基地""云南省柔性引进高层次人才基地""云南省职工及劳模疗休养基地"授牌之后，火山热海再度荣获国家级康养基地授牌。

请根据所学知识，分析云南腾冲火山热海康养旅游产品开发因素。

项目作业分析提示

项目二

康养旅游产品设计认知

项目导航

进入养生养心养老的大众旅游时代，人们愈加追求健康和精神享受，康养旅游作为新时期人们的一种旅居生活方式，逐渐成为生活主流。康养本身不仅仅是一种产业，更是一种健康生活的方式与理念，需要与多种业态融合，"康养+旅游+N"成为新时期产业突破发展的新模式。

本项目对康养旅游产品设计的内涵、康养旅游产品设计的分类、康养旅游产品设计的原则及理论依据、康养旅游产品设计的主要内容进行了分析，有利于康养旅游产品创新及市场开发。

学习要求

1. 掌握康养旅游产品设计的内涵，能够区分不同产品的类型归属。
2. 了解康养旅游产品设计的原则，能够分析康养旅游产品设计的理论依据。
3. 掌握康养旅游产品设计的主要内容，能够应用于康养旅游产品设计。
4. 增强对本专业的认知度、理解度和热爱程度。

康养旅游产品设计

思维导图

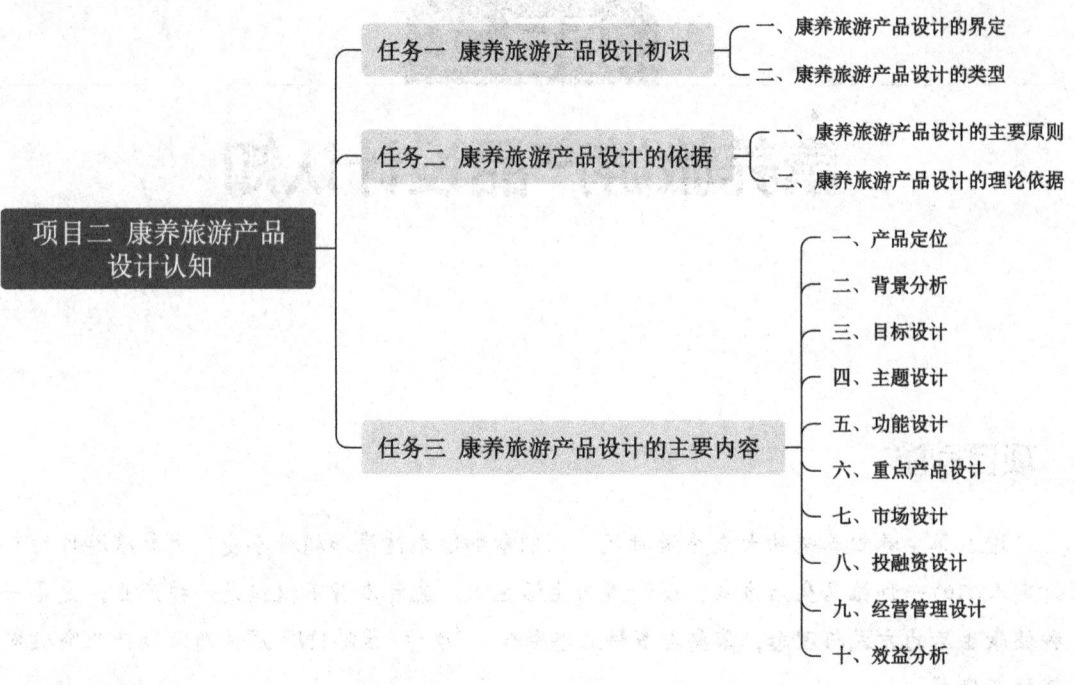

项目二 康养旅游产品设计认知
- 任务一 康养旅游产品设计初识
  - 一、康养旅游产品设计的界定
  - 二、康养旅游产品设计的类型
- 任务二 康养旅游产品设计的依据
  - 一、康养旅游产品设计的主要原则
  - 二、康养旅游产品设计的理论依据
- 任务三 康养旅游产品设计的主要内容
  - 一、产品定位
  - 二、背景分析
  - 三、目标设计
  - 四、主题设计
  - 五、功能设计
  - 六、重点产品设计
  - 七、市场设计
  - 八、投融资设计
  - 九、经营管理设计
  - 十、效益分析

情境导入

康养文旅 3.0 时代的项目设计

如今,大健康与大文旅融合已是大势所趋。"健康医疗+文旅休闲"的融合催生了高端医疗、专科医疗、康复疗养、养老服务等一系列市场热点,已经成为大众旅游和健康消费的新需求,康养文旅也在主动式进化。

拓展:2021年康养文旅3.0时代的项目设计规划要点全解析

1.0 时代:靠气候资源,卖候鸟生活。 候鸟式康养,像鸟儿一样随着气候变换、季节变化而选择在不同的地域环境、不同的地方康养。这种始于 2000 年的三亚康养旅游模式,在 2009 年以后得到普遍推广,也带来了三亚房地产市场的井喷。"三亚候鸟"是康养文旅 1.0 的代名词。

2.0 时代:靠医疗概念,卖康养地产。 2010 年前后,三亚候鸟式康养市场需求不断扩大,带动了全国康养度假地产市场的火热,开启了中国康养文旅 2.0 时代。目前,康养概念与地产结合,主要有三种类型:居家生活型康养社区、旅居度假型康养地产、专业医疗型康疗地产。未来,康养文旅产业将更加关注更广泛受众群体,向主动式的健康生活转变,这就需要迈向全新的康养文旅 3.0 时代。

3.0 时代：没有天花板的智慧产业。康养文旅 3.0 的内核，是以良好生态、完善配套、独特文化、多元人群、市场泛化及个性化立足市场，以地域特色构筑综合差异化，"康养+旅游+教育+生态+文化"5 大产业全面有机整合，"高端科技+人文生态+医疗守护+创新融合"，依托独特康养文化禀赋资源，形成特色康养文旅系列运营产品。通过综合生态闭环，奠基康养文旅 3.0 时代。

任务一
康养旅游产品设计初识

任务导读

康养旅游产品设计，以"健康"为出发点，将健康、养生、养老、休闲、旅游等多元化功能融为一体，本任务对于康养旅游产品及分类进行界定，呈现康养旅游产品的个性化、精细化特征。

一、康养旅游产品设计的界定

康养旅游产品设计是设计理论在旅游领域中的应用，是旅游学与设计学高度整合的产物。旅游设计理论研究起步较晚，加之旅游活动的内涵和外延具有广泛性，专家学者各抒己见，形成了不同的旅游设计定义。

有的学者将旅游设计定义为旅游的设计与策划，认为旅游设计是设计者为实现旅游组织的目标，通过对旅游市场和旅游环境等进行调查、分析和论证，谋划对策，创造性地设计旅游方案，然后付诸实施，以获得最优经济效益和社会效益的运筹过程。有的学者将旅游设计解释为旅游资源与市场的匹配，认为旅游设计是以旅游资源为基础，运用创造性的思维整合旅游资源，通过旅游资源与市场的拟合来实现旅游业发展目标的过程。

拓展：旅游产品设计相关概念辨析

尽管不同学者对旅游设计定义的表述不同，但共同点却十分明显。

第一，旅游设计应该有确定的目标，以利于设计活动的开展。

第二，在构思设计方案前，旅游设计者应当对旅游资源与市场进行深入研究。

第三，旅游设计是一种创造性的思维活动，与众不同是旅游设计的本质。

第四，旅游设计是一种复杂的过程。

本书对康养旅游产品设计的界定：康养旅游产品设计是旅游设计主体为达到一定目标，根据康养旅游目的地的康养旅游资源现实情况或旅游企业整体发展目标进行全面构思、设计，制订和选择切实可行的执行方案，使康养旅游资源的利用与市场需求充分协调，从而形成正确决策的创造性思维过程。

拓展：康养旅游产品设计的作用

二、康养旅游产品设计的类型

分类是为了更好地说明事物的性质、特点，以便设计主体更加清晰地认识康养旅游产品设计规律。当然，划分的标准不同，类别也不同。

根据规模分类：单个产品设计、综合产品设计。

根据产品要素分类：康养旅游目标设计、康养旅游功能设计、康养旅游市场设计、康养旅游质量设计等。

根据活动形式分类：康养度假产品设计、康养休闲产品设计、康养体育产品设计、康养生态旅游产品设计、康养特色旅游产品设计等。

根据旅游行业要素分类：康养游览产品设计、康养旅游交通产品设计、康养旅游住宿产品设计、康养旅游餐饮产品设计、康养旅游娱乐产品设计、康养旅游购物产品设计。

根据产品功能分类：康养旅游景区产品设计、康养旅游体验产品设计、康养休闲运动旅游产品设计、康养节庆节事旅游产品设计等。

任务二
康养旅游产品设计的依据

任务导读

康养旅游活动是一个系统，与环境、经济、社会、文化关联度很高，游客、居民、政府、投资商、代理商等多元利益主体间有着复杂的关系，设计康养旅游产品时需要从整体出发，考虑系统与系统之间、要素与要素之间、系统与环境之间的相互制约、相互作用关系。

一、康养旅游产品设计的主要原则

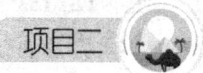

拓展：康养旅游产品设计基本原理

（一）系统性原则

康养旅游设计需要拓宽视野，总揽全局，整合资源，综合协调，追求多元共生，主要考虑以下三个方面的内容：一是全局观念与战略眼光。系统性原则强调战略至上，客观现实、准确掌握才能说明设计者真实能力。二是严谨性。通过科学而巧妙的创造性思维，从新的角度和层面将各种资源要素联系起来，拓展运营视野和领域，提高各项管理要素的交融度。三是和谐性。能够在客体价值创造与展示、客户价值诉求、设计者价值理想追求之间形成和谐相融的发展状态，才能产生优秀的旅游设计方案。

（二）客观理性原则

旅游设计人员要把握好创意与据实的度，任何创意都要考虑资源水平、社会发展水平，所反映的民族文化、传统、风俗、习惯要与当地的特色一致：一是深入调查。坚持客观理性原则，要在深入全面调查、取得准确客观资料的前提下进行设计，把客观、真实及正确的分析作为设计依据。二是据实设计。旅游设计者要时刻保持客观理性，准确把握设计客体的本质和特色，确保设计方案不偏离科学轨道。三是加强修养。设计者应不断学习设计理论和技能、开阔视野，为设计出色的康养旅游产品奠定基础。

（三）创新性原则

康养旅游产品因处在特殊的地理环境中而具备独特性，其产品设计创新体现在以下四个方面：一是产品内容创新。根据游客追求变化、追求新颖的想法，改变并完善旅游组织和旅游产品本身。二是项目创新。在表现形式上实现一定的创新和改造，推陈出新也是设计创新的一个重要手段。三是产品功能创新。重新设计一个创新功能的产品，或对原有产品的功能进行拓展。四是产品技术创新。在康养旅游产品开发的过程中，要运用新技术、新手段推出新的康养旅游产品，提高运用新技术和新工艺改善康养旅游产品的技术含量。

（四）效益性原则

康养旅游产品的效益可以从经济效益、社会效益和环境效益三个方面来衡量。经济效益以吸引大量游客为前提，分析研究目标消费群体的市场能力与行为，依据潜在客源市场情况选择产品以满足游客需求，促进康养旅游业的发展，带动区域经济协调发展。但经济效益只是康养旅游产品开发的目标之一，生态环境和社会环境也有可能对该旅游产品的经济效益产生长远影响。产品设计不能超越社会和环境的承载力，旅游产品开发要有助于康养自然和人文资源的保护并能够促进区域间的文化交流。

（五）文化性原则

文化性原则强调三个方面：一是注重对旅游目的地或旅游企业所拥有的资源价值的分析，尤其要注重对其根本价值的分析与把握。二是准确勾勒对象的根本价值、文化价值、旅游价值层次体系。三是结合市场需求特征及发展趋势，用体验经济的手法把资源的各类价值展示出来，并进行有效传播，扩大、提升资源价值。

（六）人文关怀原则

康养旅游产品设计还需要遵循人文关怀原则，强调对资源环境的保护、对游客体验需求的满足，以及对其他利益相关方合理利益的尊重与呵护，在旅游设计中完整地体现以人为本的理念。

（七）独特性原则

康养旅游产品的独特性可以表现在产品的目标、环境、条件、组织、过程等方面。康养旅游产品的特色是构成旅游吸引力的关键因素，由于地域环境、历史文化、资源等条件不同而存在差异，不同的康养旅游产品也会呈现不同的特征。康养旅游产品开发一定要突出特色，挖掘独特的康养旅游资源，保持自然和人文特色风貌，塑造主题鲜明的康养旅游产品形象，满足游客回归自然和放松享乐的需求。

二、康养旅游产品设计的理论依据

（一）六度理论

所谓六度理论，即生态康养有六个维度，包括温度、湿度、高度、优产度、洁净度、绿化度。要评价一个地方是否有相关的条件去发展康养旅游，六度理论将是一个重要的判断标准。相关实验表明，18～24 ℃是人体最适宜的温度，45%～65%RH 是人类最适宜的健康湿度，500～2 000 米是人类最适生存的海拔高度，舒适的温度、一定范围的湿度和合理的海拔高度是发展生态康养旅游离不开的三个条件。此外，高优产度能够为康养产业提供新鲜、无污染的瓜果蔬菜等物质来源，这将有益人体健康及长寿；高洁净度意味着空气质量高、无空气污染及颗粒物等，有利于人们在此静养，休养生息；高绿化

度能提供较高的负氧离子浓度及清新的空气和美丽的环境，这都有利于人们养生活动的开展。

（二）RMP 理论

RMP 理论即昂谱理论，吴必虎教授于 1999 年提出在旅游设计过程中以旅游产品为中心的研究理论，如图 2-1 所示。其中，R 指资源分析（resources analysis）、M 指市场分析（market analysis）、P 指产品分析（product analysis）。结合资源与市场对产品进行分析，既能体现研究地的特色资源，又能符合市场供给需求，对旅游产品开发具有重要的指导意义。将 RMP 理论运用到康养旅游产品设计中，在旅游开发环境条件、旅游资源自身价值的基础上对产品设计进行基础性分析，同时考虑康养旅游地理位置、旅游开发条件和游客客源市场，以此为基础有助于旅游设计的发展定位，保证康养旅游产品的竞争力优势和可持续发展。因此，资源、市场与产品分析缺一不可。

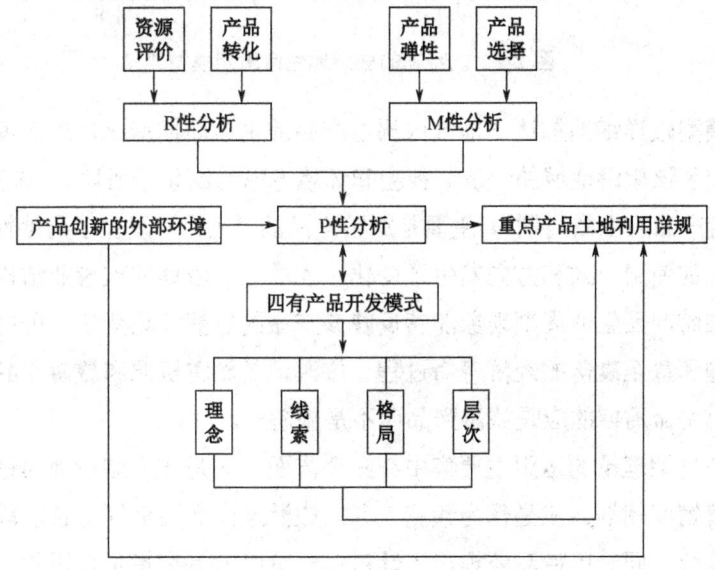

图 2-1　旅游产品昂谱模式（RMP）

（图片来源：据吴必虎教授《旅游规划原理》绘）

（三）旅游地生命周期理论

来自加拿大的巴特勒（R.W.Butler）于 1980 年第一次提出旅游地生命周期理论，现今已发展成为较为成熟的旅游地开发理论之一。[1]其主要观点为一个旅游地的发展变化过程一般要经历六个阶段：探查、起步、发展、稳固、停滞、衰落或复兴。经过复兴以后的旅游

---

[1] Butler R.W. The Concept of a Tourist Area Cycle of Evolution: Implications for Management of Resources [J]. Canadian Geographer, 1980, 24(1): 5-12.

地，又重新开始前面某几个阶段的演变。巴特勒认为，一个地方的旅游发展不可能永远处于一个水平，而是随着时间变化不断演变的，还引入了一条"S"形曲线来表述旅游地生命周期的六个阶段，如图2-2所示。

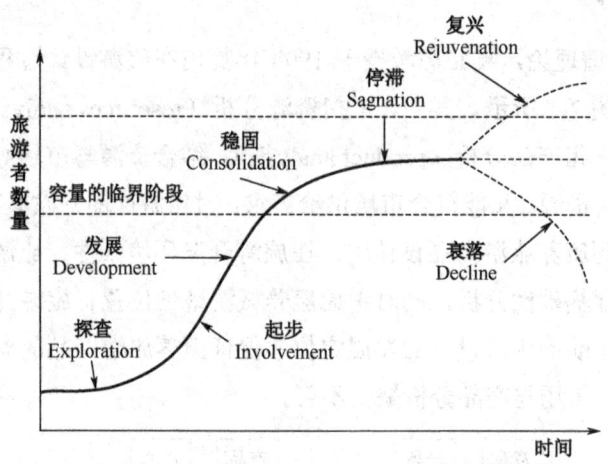

图2-2 巴特勒的旅游地生命周期模型

巴特勒的模型较详细地描述了地域内旅游产品的生命周期变化，进而说明了旅游产业的发展变化引起了该旅游地域的经济、社会和环境方面的演化。所以，"旅游地生命周期"实际上是"旅游产品的生命周期"，主要是旅游产品的"生命"发生了周期性变化，使该地旅游资源和资金的使用方式和方向发生了变化，才导致旅游地的旅游业结构或发展方向出现演进过程。旅游产品生命周期现象能够反映该产品的供需关系变化，可以描述旅游产品产生、发展、饱和直至衰落的经济寿命过程。旅游地是旅游资源和旅游产品的发生地和空间依托，真正有生命周期的应是旅游产品而不是旅游地。

旅游地生命周期理论的运用主要集中在三个方面：一是作为旅游地演进的解释模型；二是指导市场营销和规划；三是作为预测工具。旅游地生命周期模型各阶段的划分是一种理论上的定性划分，同时巴特勒还提出了针对每一阶段的具有指示作用的现象或事件（见表2-1）。

表2-1 巴特勒的旅游地生命周期各阶段的标志特征

阶段	标志特征
探查阶段	少量的探查者；有部分或几乎没有基础设施；自然或文化历史的吸引物
起步阶段	当地对旅游的投资；明显的旅游季节；对旅游地的广告，出现一定的市场区；对基础设施的公共投资
发展阶段	游客量大增，游客量超过当地居民数量；明显限定的市场，大量的投资，当地对外来投资失控；人造吸引物开始取代自然或人文的吸引物；中间层次取代探险者
稳固阶段	游客量增长率放慢；用大量广告来克服季节的影响；当地居民对旅游业产生依赖
停滞阶段	游客量达到高峰，旅游容量饱和，旅游地形象与环境脱离；旅游地淡季，对重旅游的高依赖；较低环境容量，所有权和经营权变更，向周边地区发展

续表

阶段	标志特征
衰落阶段	旅游市场出现空间和数量减少；对旅游的投资抽出；旅游设施过时或改为他用
复兴阶段	增加新的吸引物或开发新的旅游资源

（四）旅游体验理论

"体验"最早是作为经济术语由阿尔文·托夫勒（Alvin Toffler）提出来的[①]，之后学者在此领域获得了丰富的研究成果，从经济学、管理学及心理学角度对顾客体验进行了不同的解读，大都认为体验是人们的一种主观心理活动。体验性是旅游业的一大特征，体验理论在旅游业中已被广泛应用。旅游体验的维度划分根据旅游情景的不同而略有差异，考虑到康养旅游的特殊性，结合以往关于生态旅游、文化旅游、温泉旅游、森林游憩、民宿旅居者的旅游体验维度，康养旅游兼具生态、温泉、森林、乡村等性质，因此康养旅游体验在维度上包含愉悦体验；康养的目的是养生康养，因此在康养地的健康体验是必不可少的；康养旅游的一大典型特征就是民宿或者酒店旅居养老，与周围环境的互动对于衡量旅游体验是必不可少的，因此情感社交体验也是一个重要维度；旅居养老是一个长期的异地养老状态，因此生活感知体验也被纳入衡量康养旅游体验的指标维度。综上，康养旅游体验的维度主要包括基本层次的愉悦体验、基于旅游目的的休闲健康体验、康养过程中与周围群体互动情感社交体验和长时间处于异地康养的非常规生活感知体验（见表2-2）。

拓展：康养旅游为幸福生活加码

表2-2 康养旅游体验维度及内容

体验维度	维度解释	内容
愉悦体验	经过一系列的康养活动开展，旅游者在心理和情绪层面得到改善，主要表现为，缓解压力、愉悦心情、改善情绪	在该地旅游可以让我很快乐；康养旅游可以放松身心；在该地的旅游让我感觉很好；康养旅游让人享受；我在该地的旅游体验充满了新鲜感
休闲健康体验	旅游者在进行康养旅游的过程中，身体和心理健康方面有所提升，心理压力得到舒缓	在该地的康养体验对身体机能的改善作用很明显；该地的康养旅游产品很好；即使在该地的体验已经结束，但其康养价值仍旧延续；精神层面得到了改善
情感社交体验	在康养旅游过程中，旅游者与旅游服务提供者、当地居民、其他游客之间情感的交流产生的一系列心理感受	很快融入该地整体环境；友好的氛围和丰富的康养活动使我认识了许多朋友；我会在公共空间积极与他人互动
生活感知体验	康养旅游过程中，由于离开惯常居住地，不同的生活环境给自己的生活带来的不同思考，以及对以往生活带来的反思和以后生活的向往	参加康养旅游是一项正确的决策；康养旅游丰富了我的生活；此次旅游使我对未来更加憧憬；康养旅游激发了我向健康生活方式转变

---

① Toffler A. Fature Shock [M]. New York: Bantam Books, 1970.

(五)资源的可持续发展理论

可持续发展的首要前提是目前对于资源的使用不会影响后代的生存发展,之后再来满足人类现代的合理生存与发展要求。旅游可持续发展就是要在旅游资源开发和保护之间寻求平衡点,在二者平衡的基础上实现利益的永续。首先,进行旅游资源对比分析与评价,在此基础上对旅游产业进行准确定位;其次,用科学、合理和适当的方式开发旅游资源,以免进入旅游衰退期;最后,综合各方资源,确保社会经济与旅游资源环境系统的协调发展,为使旅游业健康永续向上发展,必须坚持贯彻落实可持续发展战略。

本书结合各学者的相关研究成果,以及康养旅游、康养旅游资源、康养旅游产品、康养旅游业等内涵,将康养旅游资源分为5大类24种亚类(见表2-3),其中天养旅游资源主要指特定区域来自近地面之外的,对人体具有康养价值,且能产生旅游吸引力,能被旅游业所开发利用的事物或要素;地养旅游资源指地理环境中岩石、土壤、水体、引力及特殊地质地貌等要素共同形成的,具有综合康养价值的旅游资源;水养旅游资源指含有促进人体健康的微量元素、矿物质、特殊气体等物质,且能产生旅游吸引力的水体资源;气-生体系康养旅游资源指在空气与生物群落间物质循环体系中,能促进人体健康,具备康养功效,对旅游者有吸引力且能被开发为旅游产品的物质总和;文养旅游资源指不同地域和民族对于健康和养生的认知、理论等意识形态及相应的行为方式等内容所构成的文化资源,且其能促进人体身心健康,对游客具有康养吸引力和旅游驱动力。

表2-3 康养旅游资源分类表

序号	主类	亚类
1	天养旅游资源	气候(气温、相对湿度、气压/海拔、空气质量、阳光)、天象景观[天体引力(有待进一步研究)、宇宙射线(有待进一步研究)]等
2	地养旅游资源	地磁(有待进一步研究)、辐射(有待进一步研究)、重力场(有待进一步研究)、土壤、岩溶洞穴、山地、峡谷、沙漠等
3	水养旅游资源	海滨、饮用天然矿泉水、温泉、瀑布、湖泊与湿地等
4	气-生体系康养旅游资源	植物精气、负离子资源、药用生物资源、可食用生物资源等
5	文养旅游资源	具有康养价值的民族居住文化、民族饮食文化、民族乐舞文化、民族体育文化、民族医药文化、宗教养生文化等

康养旅游资源作用于人体健康的形式非常多样(见表2-4),但总结下来,主要有康体、养生、康疗三类功能。康体功能指促进身体机能、形态、素质提升和优化的功能,主要通过"动"的方式实现激发机体活力、美化强身、增强体质等效果。养生功能指基于人体生命过程的运行规律而开展的系列护养身心的物质或精神活动。康疗功能中"康"即"康复","疗"即"疗养",康疗功能即具有康复疗养的功能。

康养旅游产品设计认知　项目二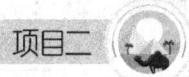

表 2-4　康养旅游资源的功能

主类	亚类	包含要素	对人体健康的影响	主要康养功能
天养旅游资源	气候资源	气温	气温的变化会影响人体的消化器官、体温、内分泌腺等生理器官和生理机制作用的发挥，过高或者过低的气温均会导致人身体不适，夏季 21 ℃~26 ℃，冬季 18 ℃~23 ℃的气温时，人体体感最佳	养生
		相对湿度	相对湿度常伴随气温影响人体健康，当人体处于气温适中环境时，会有湿热、闷热甚至酷热的感觉，当处于低温高湿的环境时，人体会有酷冷难耐的感觉，55%~75%是人体相对舒适的湿度	养生
		气压/海拔	当短时间内气压快速降低时，人体会供氧不足，进而出现头疼、胸闷、恶心、呕吐等症状，但轻度缺氧环境能提高人体呼吸机能、免疫力、新陈代谢能力等，有助于身体健康，但是海拔过低、气压过强对人体健康也有一定的不利影响	养生
		空气质量	良好的空气质量有助于促进人的身体健康，空气质量差会引起呼吸道疾病等	养生
		阳光	阳光照射可通过刺激人体视神经，作用于松果体、血清素等，可以改善睡眠，改善心情。此外，阳光日照还可以促进人体对维生素 D 的吸收，调控人体生物钟等，对保持人体身心健康具有重要作用	养生
	天象景观资源	天体引力、宇宙射线	部分天象景观含有丰富的负离子，有利于身体健康。部分景观极为壮观，令人赏心悦目、身心愉悦。天体引力和宇宙射线会影响人体健康，但具体影响机制及康养价值有待进一步研究	养生
地养旅游资源	磁场	地磁	地磁通过影响舒曼波进而影响人体相关生理机能，地磁波动对人类心脑血管健康不利，地磁变化对于心脏、大脑节律影响较大。当地磁处于较为平静状态时，人的精神和情绪更稳定，心率等指数更好，但最佳康养功能的地磁量有待进一步研究	养生
		辐射	原生放射性核素过多，对人体健康不利，但部分原生放射性核素可能具有康养功能，此方面有待进一步研究	养生
		重力场	重力场对于人体健康具有一定的影响，长期处在失重或超重的环境下会对人体健康不利，但不排除重力场可能存在的康养功能，此方面有待进一步研究	养生
	地貌资源	土壤	土壤中蕴含对人体有益的元素，通过多种途径直接或间接促进人体健康	养生
		岩溶洞穴	岩溶洞穴是康养价值较大的类型之一，具有一定的医疗作用，可治疗皮肤疾病、心脑血管类疾病、呼吸道疾病	康疗
		山地	可开展登山、徒步等康体活动，开展山野劳作、山地露营等休闲健康活动	康体
		峡谷	以峡谷为资源依托，可开展攀岩、速降、漂流等康体活动	康体
		沙漠	沙漠中沙子机械摩擦作用力及其适当的温度等因素对治疗膝骨关节炎有一定的效果	康疗
水养旅游资源	淡水资源	饮用天然矿泉水	含有人体必需的矿物质、微量元素等有益物质，是人体微量元素的理想补充剂	养生
		温泉	能增强体质、提高免疫力等，对于皮肤病、运动系统疾病、肥胖症、轻度心血管疾病等具有一定的医疗作用	康疗
		瀑布	当水流从陡坎或悬崖向下倾泻时，水分子因水流的高速运动而裂解，产生大量的益于健康的负离子资源	养生
		湖泊与湿地	湖泊与湿地凭借其水域生态环境的康养效果，产生负离子资源	养生

续表

主类	亚类	包含要素	对人体健康的影响	主要康养功能
气-生体系康养旅游资源	植物精气	松科、柏科和杉科植物等	对人体有多种生理功效，有杀菌抑菌、消除病毒的作用，同时具有医疗保健作用，能调节人的神经系统、循环系统及人的情绪、血压、睡眠等	养生
	负离子资源	森林、草原等	高浓度负氧离子对于治疗抑郁症具有明显的效果，能显著改善人的负面情绪	养生
	药用生物资源	天然药用动植物资源、人工种植中药材资源	具备药用价值，可用于治疗疾病	康疗
	可食用生物资源	野生食用菌	风味独特，含有丰富的蛋白质、维生素、微量元素等营养要素，还含有增强人体免疫力的活性成分，营养价值较高	养生
		菜食花	具有较高的营养价值，同时具备一定的药用功效，有清热解毒消炎的效果	养生
		可食用野生蔬菜	含有丰富的维生素、无机盐、纤维素等营养物质，同时具备一定程度的药用价值和保健作用	养生
文养旅游资源	民族文化康养旅游资源	民族居住文化	居住环境在一定程度上会影响人体的健康状态，而能合理满足人的生理和心理需求的居住环境具有一定养生的功效	养生
		民族饮食文化	饮食方式和习惯对人体生理健康具有巨大的影响，良好的饮食习惯和方式能够促进人身体健康，预防疾病	养生
		民族乐舞文化	积极、健康的音乐通过传递思想、感情来感染听众，能促进大众的身心健康，而舞蹈是身心双健、强体健脑的活动	康体
		民族体育文化	运动刺激大脑分泌多巴胺，调节人的情绪，锻炼肌肉、骨骼等，有增强人体体质的作用	康体
		民族医药文化	各民族在生活中积累下来的治疗、预防疾病的经验、理论等，可治疗疾病，促进人体康复，可指导人们如何防病、强身等	康疗
	其他文化	宗教养生文化	佛教、道教等宗教文化内包含大量养生文化，尤其在促进人心理健康、提升精神境界方面具有积极作用	养生

任务三

康养旅游产品设计的主要内容

任务导读

康养旅游产品设计的目的是通过设计活动，实现旅游地或旅游企业总体发展目标。将设计的最终方案整理成设计报告书或设计书，具体框架结构包括：设计产品的名称、设计者的姓名、完成时间；设计的目标、原则和指导思想；设计对象的社会、经济、市场环境和资源分析；设计方案的内容及详细说明；设计方案的实施安排；设计的预算、计划（人力、物力、财力）；设计产品预期实现的经济、社会、环境效益分析；设计的相关资料和说明；其他方案的概要；设计实施需要注意的事项；等等。

一、产品定位

"定位"一词源于广告界，是广告学的核心概念之一，实际上是一种理念的表达，是消费者理念的感知和凝固。定位理论的核心思想就是操纵已存在于心中的东西，重新结合已存在的联结关系。康养旅游项目设计在调查的基础上，经过挖掘、分析、筛选、对比，为康养旅游目的地提出发展主题及整体运筹规划理念，是一个从战略构思、开发规划到经营管理的复杂的、循序渐进的过程。旅游产品定位应该遵循以下步骤：寻找市场领域—比较分析市场机会—选择目标市场—制定旅游产品定位策略（包括目标、功能、形象、价格、促销、营销渠道等）—把目标定位观念传递给市场。

拓展：康养旅游产品设计的市场理念

（一）定位原则

一是受众导向原则。当今的旅游者不仅是大众、分众，更是受众。从传播学角度来看，市场定位必然被消费者接收信息的思维方式和心理需求所左右。因此，设计应定位旅游消费者心理，对消费者心理把握得越准确，定位策略就越有效。

二是差别化原则在信息时代，只有与众不同的、差别化的旅游信息才能引起旅游消费者的注意，并激发其动机和体验行为；而只有当目标定位所体现出的差异性与旅游者的需求相吻合时，所设计的旅游产品才能留驻在旅游者心中。

三是个性化原则。产品的差别是可以经过努力改变并缩小的，而产品的个性却是独特的。定位实则是在"卖概念"，这个概念就是该产品的个性，是产品的创意，是与众不同的东西。

（二）定位框架

一是效益目标定位。要避免盲目乐观或缺乏投资信心这两种心态。

二是主题定位。主题是产品优势和特色的高度概括，是产品设计的灵魂、核心以及制订方案的依据。

三是产品功能定位。这是产品设计的一个重要任务，产品的其他方面都是在此基础上进行设计、计划投资和施工建设的。

四是投资规模定位。对产品投资规模及范围的界定，有利于产品整体设计和便于安排筹款、投资计划。

五是产品市场定位。主要有产品销售市场、服务对象及原料市场的定位。

案例1：六大主题产品发布！多彩贵州开启冬季康养度假之旅

案例2：云南打造康养旅游新业态

案例3：江西出台康养旅游发展规划，将积极构建六大类康养旅游产品体系

（三）定位策略

一是主导者定位，即"第一"效应。位居第一的市场占有率比位居第二的要高出一倍以上，产品开发商和设计人员应对"第一"给予充分的注意。

二是跟进者定位。对于无力成为主导者的大多数中小企业来说，选择跟进者的定位是一种良策。首先，寻找市场空隙，即实施市场区隔。这样既能模仿主导者的优秀旅游产品，又不与主导者正面对抗，从而占领适合自己的市场。市场区隔可以是地理区隔、心理区隔，也可以是人文区隔。地理区隔即根据市场所处地理位置将市场划分成不同的区域；心理区隔即依据旅游者的个性、生活方式、地位等因素来划分目标市场；人文区隔即按旅游者的年龄、性别、收入、职业、教育程度、宗教信仰等来划分目标市场。其次，建立比附关系。旅游地可以通过与人们心目中原有第一位的形象比附，确定"第二位"形象，如海南的三亚定位"东方夏威夷"，就避免直接与夏威夷展开竞争，又使不了解三亚的游客产生联想，激发他们去三亚的旅游欲望。

三是竞争性定位，指跟进者不回避主导者的锋芒，而直接与之竞争的做法。一种是直接竞争，如麦当劳与肯德基在西式快餐业的竞争；另一种是平行竞争，如国内的中式特色快餐与西式快餐的竞争。

拓展：康养旅游产品设计的特色理念

二、背景分析

（一）产品环境分析

康养旅游产品环境包括微观环境和宏观环境。微观环境指旅游地、旅游企业、竞争者、旅游消费者等因素；宏观环境指经济环境、政治法律环境、科学技术环境、生态环境和旅

游文化环境。深入而准确的环境分析是"知彼",有利于对产品的价值和意义、可行性和必要性等进行判断,使设计方案更加贴近实际,有助于设计方案的落地。

（二）产品优、劣势分析

对产品优、劣势情况分析也是十分必要的,是"知己"。一般可按照竞争对手、目标市场消费要求和特点、周边地区同类旅游产品情况等因素进行比较分析；优、劣势分析还可从区位、政策、资源、技术、市场、经营、管理、内容、形式、创新等层次进行。

三、目标设计

康养旅游产品设计要求设计者除了明确目标,还要注意对设计目标的拟订。目标是目的的具体表述,是实现目的所应达到的具体指标。目标通常有总体性目标和阶段性目标之分：总体性目标是对要实现的社会目标、经济目标和形象目标所进行的综合表述；阶段性目标是根据产品建设逻辑关系和时间进程,提出不同时段要达到的指标。不管哪种目标,其设置都必须具备明确性、可行性和可控性特征。

（一）目标的确定

一是针对旅游需求确定目标。在康养旅游项目设计过程中,设计人员首先要考虑的因素是如何满足旅游者的需求。

二是充分利用资源。康养旅游产品设计是建立在相关资源利用基础上的,只看到旅游者需求层面,而不从实际出发,设计就难以取得成功。与目标选择相关的资源利用主要包括两个方面：一方面是旅游资源,这是吸引旅游者的事物；另一方面是保障资源,这是运行产品所需要的人、财、物、信息、技术等因素。

三是适应竞争。在旅游市场中,除非产品具有资源独占性优势,否则不可避免地会面临激烈竞争。设计者应该时刻考虑该项目所要表达的意图在现实市场中是否具有号召力,实施的结果能否有助于提高企业整体竞争力。

（二）目标的表达

目标是设计者通过产品载体所要表达的能带给旅游者和服务方的利益,在具体产品中,利益以不同形式交叠在一起。

一是带给旅游者的利益。旅游产品能带给旅游者的利益就是对其需求的满足,任何一个旅游产品必须就此明确"提示",即如果参与产品,参与者将从中有所"收获"。

二是带给服务方的利益。这些利益在现实运营中有的可以公开,有的则属于商业机密。服务方利益表达具有多样性,这是因为服务方利益需要从企业、组织整体资源利用和效益予以考虑，譬如为长期利益而牺牲短期利益、为竞争需要而在价格上让利给旅游者、为占领新市场而不惜工本增加投资预算等。

三是单一目标与目标组合。不同旅游产品间可进行适当组合，形成新的组合型旅游产品，旅游线路、旅游节庆、主题旅游等都属于这种情况。

四、主题设计

产品设计必须有鲜明的主题，以区别于其他产品，引起旅游者的注意，激发其兴趣和欲望，促成旅游目标的实现。主题是产品目标、信息、旅游者心理需求三个方面的有机结合。目标是主题的出发点，信息是主题的基础和依据，旅游者是产品主题的面向对象。因此，产品主题设计必须深入研究旅游地或旅游企业的发展目标、自身特色和优势，研究旅游者需求特征和规律，才能使主题具有强烈的感染力，获得旅游者好感，保证产品取得成功，从而达到旅游地或旅游企业的预期目标。主题的表述应简明扼要、高度概括，词句要精练、贴切、合理，便于记忆，让旅游者乐于接受。

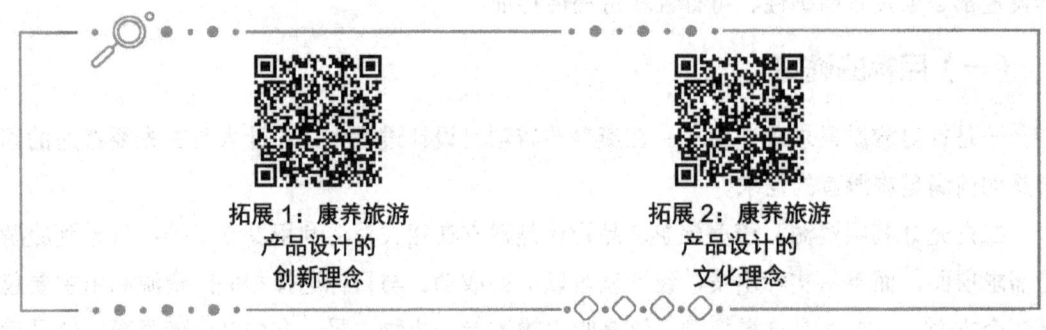

拓展1：康养旅游产品设计的创新理念

拓展2：康养旅游产品设计的文化理念

思政小课堂

旅居养老——一种积极向上的生活方式

"旅居养老"是一种新型养老模式，是"候鸟式养老"和"度假式养老"的融合体。与普通旅游的走马观花、行色匆匆不同，选择"旅居养老"的老人一般会在一个地方住上十天半个月甚至数月，慢游细品，以达到既健康养生又开阔视野的目的。

最新统计显示，中国正经历全球历史上规模最大、速度最快的人口老龄化进程。预计2050年将达到峰值4.87亿，由此将催生出一个老龄团体。

应对老龄化上升为国家战略。2019年11月，中共中央、国务院印发《国家积极应对人口老龄化中长期规划》，显示出积极应对人口老龄化、贯彻以人民为中心的发展思想的国家决心，传递走一条中国特色应对人口老龄化道路、持续增进全体人民福祉水平的强烈信号。

正如规划所指出的，人口老龄化对经济运行全领域、社会建设各环节、社会文化多方面乃至国家综合实力和国际竞争力，都具有深远影响，挑战与机遇并存。从历史现实和未来长期看，我们有党的领导、党政主要负责人亲自抓和总负责的制度优势，有制定长远规划、按部就班实施的治理优势，有应对老龄化挑战的充足政策工具和人力、财力、实力，有尊老、敬老、孝老的文化传统，足以有效对冲人口老龄化带来的不利影响。厚植"老有所养"的国家治理基石，构建养老、孝老、敬老的政策体系和社会环境，老龄事业将不仅给老人和家庭带来欢乐，还将给国家和民族未来带来新的发展机遇。

中国的老龄人口已经从物质生活的追求阶段向着追求精神生活养老的阶段转变。我国地域辽阔，名川大山众多，养老气候环境差异明显，这为旅居养老提供了有利的空间。随着国家制度和政策不断改善，社会机构和有实力的企业参与越来越多，使其在旅居养老的不同环节打造出丰富业态和场景，"旅居+养老"包含度假、休闲、文化、艺术、医疗、护理等方方面面，旅居养老事业的前景十分广阔。

思政小课堂
分析提示

问题：如何理解旅居养老的背景与意义？

五、功能设计

旅游者在产品中直接体验和获得的利益就是产品功能。设计者必须分清产品的主导功能类型，清楚所设计的产品是康养观光型产品还是康养度假型产品；是康养专项旅游还是复合型康养旅游，等等。然后对旅游产品内部系统中的各单项工程、外部系统的配套功能进行设计与协调，为旅游产品的成功奠定可靠基础。

六、重点产品设计

产品的开发涉及众多方面，并由一系列子产品组合而成；许多子产品的地位不同、影响力不同，建设顺序也不同。因此，一个成功的旅游产品设计，还应该确定重点产品及其开发顺序，并设计出重点开发方案。

七、市场设计

产品市场设计由市场机会设计和市场营销设计组成。市场机会设计是对项目市场的分析、识别、捕捉、创造，进而选择、占领目标市场的投资策略谋划，让投资者获得市场优势地位的产品投资机会，提高市场竞争能力，达到预期的市场占有率。市场营销设计是产品设计者根据产品现行的优劣势和既定的产品目标，制定市场营销目标，并就实现这个目标的过程、对策及措施等进行创造性策划设计的过程。

八、投融资设计

资金是产品实施的物质保障，投融资设计具有很强的政策性、技巧性和谋略性，应该根据产品的性质、规模、建设等情况，认真估算所需资金数量，设计投融资专项方案。方案中必须包含项目资金投入计划、合适的资金筹措渠道和方式，以控制资金使用成本，降低产品风险，保证产品资金按时、足额到位，使产品建设按计划进行。当然，对未来的预测和判断无法做到精确无误，各种因素的未来预期变动也是不确定因素，包括盈亏平衡情况、与产品效益密切相关的因素变化对项目的影响程度、概率分析、投资回收期等。正确运用盈亏平衡分析、敏感性分析、风险分析及一些经验方法，才能做到防患于未然。

九、经营管理设计

产品经营设计是对产品经营思路的谋划，对产品运作成效、市场开拓情况和经营效益有着至关重要的影响。产品经营设计通常涉及经营理念、产品、价格、渠道、促销等经营策略的制定和经营方式的选择。产品管理设计是对产品实施的任务分解和任务组织工作的设计，包括管理工作的设计、管理机构的设置、工作程序、制度和运行机制、部门职能的划分、人员配备等方面，还包括监督、考核、奖惩措施等配套设计，产品管理组织协调，管理信息的收集，加工处理和应用等。

十、效益分析

设计者应该设计相应的评估指标，使效果评估能够正确地反映设计方案的实际情况，促进设计方案的完善和改进。

项目思考

1. 什么是康养旅游产品设计？如何进行设计分类？
2. 产品设计报告书包括哪些内容？

3. 康养旅游产品设计的原则有哪些？
4. 分析旅游体验理论对康养旅游产品设计的启发。
5. 简述康养旅游产品设计的主要内容。
6. 对比几份康养旅游产品设计案例，请分析其定位、目标、主题、功能、重点产品等设计理念是如何体现的。

项目作业

旅游产品创意案例：武当山太极湖养生小镇

武当山太极湖养生小镇位于世界文化遗产、道教文化圣地、世界级风景名胜古迹——武当山下，整个小镇项目设计布局巧妙，具有美感，整体应用武当古建筑风格、中国传统古建筑风格、欧式建筑风格相互配合设计构建，传承武当文化，彰显养生健体、海纳百川的建设理念，康养旅游产业已经成为武当山政府经济支柱。

项目整体特色定位为仙峰道水、养生天成，主题定位为顺应自然、天人合一。以武当山太极文化为依托，致力通过对场地要素优先的地理风貌系统、类型化多模式小镇空间集成、武当山太极湖场域内涵、传统人文观念的镇域结构、活态农业遗产与全息生态景观、地缘文脉新中式建筑聚落、古镇原型衍生的多维低碳交通（图4-3），以及广义旅游功能体系与多价值叠合的功能综合分析，在原生场域最大化尊崇中，进行特殊空间个性化设计，形成有机院落适应性布局，实现生态要素的系统化整合。

项目作业
分析提示

武当山太极湖小镇顺应自然之道，尊崇原生场地肌理和风貌，以多层次的切片式设计模式，使项目空间、功能和价值体系有机共生，在对"国家新遗产小镇"的探索、创新和实践中，在尊重当地自然人文原生态结构的基础上，诠释"道法自然，天人合一"的精神回归（图4-4）。

图4-3 武当山旅游码头——武当山水上旅游品牌

图4-4 武当山功夫城——武当功夫文化的品牌圣地

请根据所学知识，分析武当山太极湖养生小镇产品设计的优、劣势。

项目三

康养旅游产品设计方法

项目导航

康养旅游产品设计采用多视角研究方法，不管是头脑风暴法、德尔菲法、智能放大法、逆向设计法，还是文化包装法、联想设计法等，只要适合的都可以运用。设计者不但要熟练运用各种方法，更需要将各种方法"渗透"与"融合"，设计过程其实就是综合运用各种手段和方法进行融合、创新的过程。

本项目对康养旅游产品设计流程、康养旅游景区产品设计、康养旅游线路产品设计等进行分析和阐述。

学习要求

1. 掌握康养旅游产品设计流程，能够解释不同设计阶段的内涵，会分析不同阶段的设计任务。
2. 能够根据产品设计需要实施调研。
3. 理解康养旅游景区产品设计方案的构成，能够编写景区产品文案内容。
4. 掌握康养旅游线路产品设计基本知识，能够初步策划康养旅游线路产品。
5. 增强对本专业的认知度、理解度和热爱程度。

思维导图

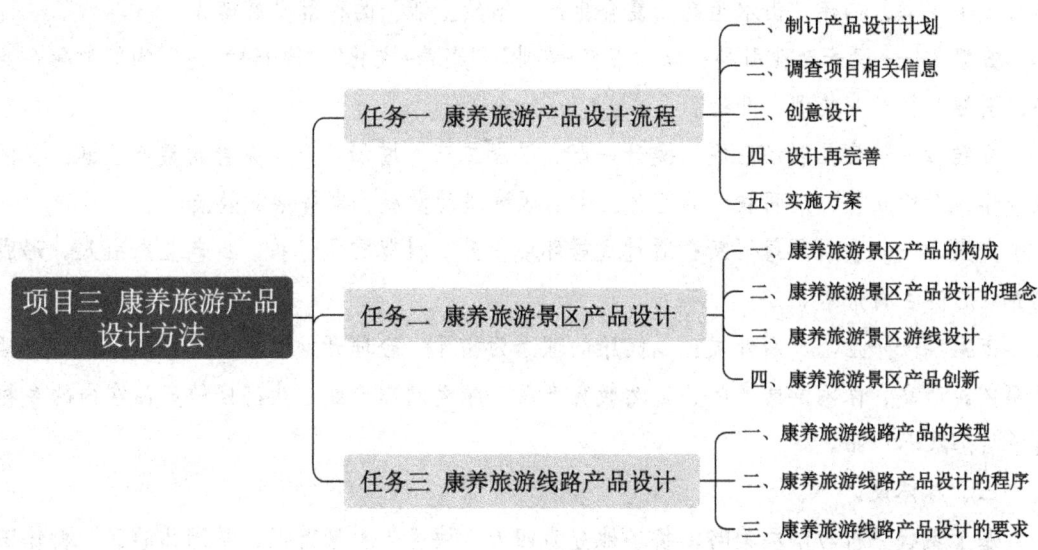

情境导入

康融三生 养在南山——基于健康产业视角下的南山乡村活化设计

随着物质条件的不断改善及精神追求的崛起，人们对健康的追求涉及物质和精神两个层面，在追求多元化、个性化的背景下，医疗技术、生态环境、健康资源等方面具有优势的区域成为人们追寻健康与宁静的首选地，大健康产业成为这些区域发展的重要引擎。

南山村风景秀丽，乡野风光一览无余。本设计旨在以五感康养资源为导向，通过丰富的感知体验设计打造"田园农旅 感知康养"的多彩田园风光。

一、基地分析

区位分析：南山村位于福建省三明市清流县，这里地势东高西低、西北部坡度较缓、东部坡度较大；村落交通主要依托南北向穿过的乡道，交通便捷，与外界交流便利。

产业分析：村里的第一产业为以茶叶、花生、烟叶、水稻为主的种植业；第二产业为以茶叶、花生为主的加工业。

资源分析：资源条件优越，拥有古建村落、宗庙祠堂、民风民俗、茶园风光，具有浓厚的地方特色；同时，设计组挖掘了基地的康养资源，包括视觉感知、听觉感知、味觉感知、嗅觉感知、触觉感知。

机遇与挑战：尽管南山村拥有优越的自然条件，但仍未得到良好的发展。于是设计组带着审视的眼光，由表及里，在市场需求、产业升级、文化保护、林业转型四个层面进行了更深层次的分析，提出了机遇与挑战。

二、设计方案

设计思路：基于以上四个层面的分析，设计组提出"康融三生"的设计理念，融合康养与三生业态，构建"山水生态、复合生产、悠然生活"的村落发展模式。

方案 1——康养产业引导：以"康养+农业""康养+文化""康养+旅游"的新型融合业态，引导乡村产业转型、升级。

方案 2——产业联动互促：提升一产、扩展二产、增加三产，完善新型产业链；以区域合作、产业互补、空间联动的理念，带动区域联动发展，发挥乘数效应。

方案 3——古村聚落更新：通过人居环境提升、村落文化保护、特色业态引入，形成宜养宜居的古村聚落。

方案 4——生态产品开发：以健康的理念为指导，合理开发利用林下资源，打造包括农事体验产品、休闲游憩产品、自然教育产品、康复调理产品、生态保健产品在内的乡村特色生态康养产品。

三、总体设计

基于现状分析与解决策略，将场地分为四大区块：古村聚落区、茶园体验区、耕作田园区、森林康养区。

四、分区策略

策略 1——古村聚落区通过村落建筑整治、街道空间提升、活动场所打造、康养业态融入的四大措施进行改造。

策略 2——茶园体验区以茶园为基底，设置观光工厂、茶室、采摘活动，形成参与式的茶园景观。

策略 3——耕作田园区以耕地为基底，设置科普、体验、观光活动形成复合型生产景观。

策略 4——森林康养区以森林为基底，设置运动、研学、露营活动形成多元化的康养产品。

五、活动策划

事件策划：贯穿全年的主题活动，保持基地活力。

主题游线规划：依托康养产品，针对不同群体形成自然教育主题、康养度假主题、农旅主题游线规划。

六、设计感悟

"康融三生"，"康"指的是生态康养，"三生"指的是生产、生活、生态。康融三生，即以产业为核心，推动三生融合互促，探索生态康养与三生融合的新路径，为激活乡村产业、全面推进乡村振兴，贡献风景园林智慧。

康养旅游产品设计方法 项目三

任务一
康养旅游产品设计流程

 任务导读

康养旅游产品设计是康养旅游开发前期论证工作，是对康养旅游开发重要性、必要性的全面系统的论证，通过对政策法规、社会经济环境、康养旅游资源评价、康养旅游市场、康养旅游产品体系、工程技术可行性、财务等进行深入分析和评价，确立康养旅游产品开发的可行性。

康养旅游产品设计是一项涉及多方面的系统工程，需要按照一定的程序，有计划、有步骤地完成。首先，要确定旅游设计者。承担康养旅游设计工作的既可以是相关设计部门，也可以是专业设计公司或者高等院校、科研院所，无论哪个设计团队，设计者的素质都是十分重要的。合格的旅游产品设计者应该具备强烈的问题意识、相关的康养旅游知识，掌握康养旅游业发展趋势和前沿技术，具有综合、归纳及联想能力。其次，要界定问题和制定设计目标。界定问题就是细致全面地分析问题，明确问题的范围和实质，将设计目标具体化。设计目标有总目标和分目标、长期目标和短期目标、主要目标和次要目标之分。目标要有战略性、明确性、可塑性、可行性，要具体化、量化。

一、制订产品设计计划

康养旅游产品设计计划是对设计各环节的具体安排，制订一个详细周密的计划是康养旅游设计活动有序进行的依据和保障。康养旅游设计计划根据委托方要求、问题特点和设计者实际情况而制订，主要包括设计进程安排、每一阶段具体工作、工作分工、经费安排等内容。计划制订完成后，就要按照内容进行分工，明确设计团队成员的分工任务，注意发挥团队成员的特长，强调相互配合。

二、调查项目相关信息

调查分析是康养旅游设计的基础和依据，调查的深入性和有效性、数据的全面性和准

确性,将直接影响设计的结果。一般来说,调查工作包括确定调查范围、调查内容和调查方法,实地调查,整理分析资料等。康养旅游设计需要对康养旅游资源现状、市场情况、康养旅游发展环境等进行深入调查。

(一) 康养旅游资源现状调查

康养旅游资源现状调查包括对康养旅游资源的赋存情况和康养旅游资源的环境情况进行调查,寻找项目设计所依托区域的地理和文脉。

康养旅游资源的赋存情况调查。主要从数量、质量、分布、特色、吸引力等方面对资源赋存情况进行调查。康养旅游资源调查要全面和详细,要详细记录项目区域内的景点、景物,对一些重点的资源和原有的景观要进行摄像;一些面积大、条件恶劣、交通不便的地区可以借助卫星遥感协助调查,有条件的还可以用无人机或直升机进行航拍。

康养旅游资源的环境情况调查。康养旅游资源的环境包括自然环境和人文环境,直接影响康养旅游资源的质量,甚至影响其开发价值。自然环境调查内容有气候条件(指气候类型、气温、降水量、光照、温度、湿度等)、地质地貌条件(包括范围内的地质构造、地形、地貌、岩性及分布等)、水体环境(包括水体类型、水质、水量变化及利用情况等)、生物条件(包括动植物数量及分布情况等)等。基于康养的旅游产品设计,还需要对资源、环境、交通、配套等情况进行调查。人文环境调查内容有历史沿革、历史事件和名人、经济情况(指设计地域内的国民经济发展水平、居民收入水平、物价水平等)、社会文化环境(包括学校、邮政、通信、医疗、安全、民族分布、职业构成、受教育程度、宗教信仰、风俗习惯等)、康养旅游设施情况(包括交通、食宿、购物、娱乐)、地方管理情况(包括管理体制、机构设置、管理水平等)等。

(二) 康养旅游市场情况调查

康养旅游市场情况调查是康养旅游设计的出发点和成功的关键,康养旅游市场调查包括市场需求、游客评价、产品组合和市场环境调查等内容。

市场需求调查内容有康养旅游者规模、构成、动机、行为调查,以及客源地的发生率、重游率、康养旅游开支等;游客评价主要涉及康养旅游者对康养旅游产品的评价和接受程度、康养旅游者购买或接受产品的频率、康养旅游者的心理价格特征等;产品组合调查包括产品组合的广度、深度、相关性等;市场环境调查包括政治环境、法律环境、经济环境、社会文化环境、科技环境和地理环境调查等(见表3-1)。

表3-1 康养旅游产品需求体系

康养旅游类型	产品类型	对应市场
运动康养	冰雪、登山、攀岩、水上运动、汽摩、航空、马术、徒步	以青年市场为主、中年市场为辅

续表

康养旅游类型	产品类型	对应市场
休闲、文化康养	中华武术、气功、太极、瑜伽、形体训练、舞拳弄棒、游艺耍斗、棋牌、网球、垂钓、饮酒品茶、化妆美容、诗词歌咏、琴棋书画、冥想、听梵音、读经典、抄经书、禅修讲解、禅心初悟	以中老年市场为主、青年市场为辅
保健疗养	艾灸、推拿、按摩、温泉疗养、森林疗法、芳香植物疗法、专业护肤、SPA 水疗、康复	以中老年女性为主的全龄人口
药膳康养	营养膳食、四季膳食、药疗膳食、平衡膳食、功能膳食	以中老年人为主的全龄人口
医疗康养旅游	外科手术、牙科手术、疾病治疗、整形整容、美容、体检	以青年白领为主、中老年高收入人口为辅
养老康养旅游	旅居养老、候鸟式养老、度假养老	以老年人为主

（三）康养旅游发展环境调查

康养旅游发展环境调查主要指对康养旅游设施和康养旅游服务的调查。康养旅游设施可分为康养旅游基础设施和康养旅游上层设施。康养旅游基础设施包括两种类型：一是一般公用事业设施，如供水系统、排污系统、供电系统、道路系统以及与此相关的配套设施，如停车场、机场、港口码头、火车站或汽车站等；二是满足现代社会生活所需要的基本设施或条件，如医院、银行、餐饮、治理机构等。康养旅游上层设施指那些可供当地居民使用，但主要供外来康养旅游者使用的康养旅游设施，如宾馆饭店、旅游咨询中心、旅游商店、旅游娱乐场所等。康养旅游服务可分为基本服务和辅助服务。基本服务有客房服务、餐饮服务、交通服务、导游服务、娱乐服务等；辅助服务包括医疗、金融、保险、出入境手续等。康养旅游环境要素如图 3-1 所示。

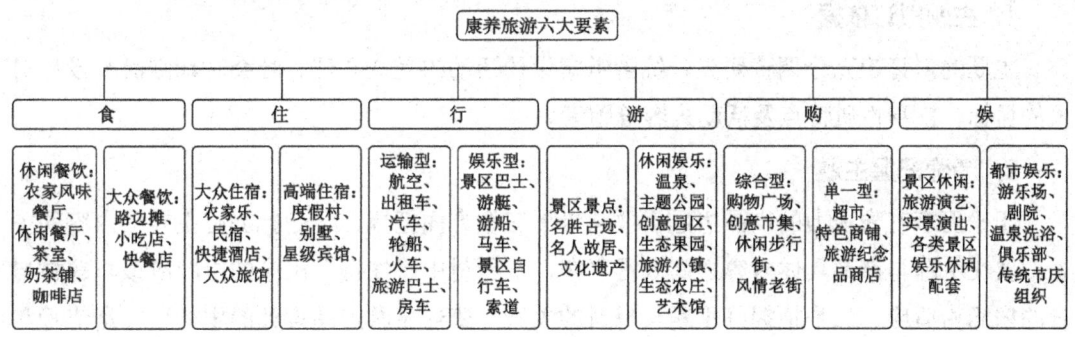

图 3-1　康养旅游环境要素

三、创意设计

康养旅游设计就是根据界定的问题、确定的目标和掌握的各种资料，探索和设定解决问题的具体步骤和方法。设计方案的科学性和新颖性直接关系设计活动的成效，因此设计方案必须有创意,创意设计是整个设计过程的核心和关键环节。创意设计的内容包括确定设计立意、确定设计主题、构思设计创意和确定设计方案四个环节。

拓展：创意康养旅游

（一）确定设计立意

确定设计立意就是确定设计活动（或设计对象）的作用层次和品位，回答设计活动（或设计对象）要反映什么样的文化品位、达到什么效果等问题。设计立意是制作设计方案的总指导思想和立足点，决定着设计方案制订的方向、层次、水平和产品发展。为了提高产品方案的实施效果，设计立意必须做到新颖、高层次、反映时代潮流。立意的来源主要有三个：一是组织内部。有许多好的立意可能存在于工作人员的脑海中，设计人员要对内部人员进行广泛的征询和调查。二是社会。某些问题可能在社会上已有解决方案，特别注意跟踪学术前沿和产业发展前沿，要广泛交流和反复思考。三是设计人员的灵感。这种灵感往往来自设计人员丰富的经验和良好的素养。

（二）确定设计主题

康养旅游产品作为设计者在一定创作题材的基础上设计而成的作品，具有特定的意义，这种意义对于设计者来说就是通过一定的内容和形式表达出来、传递给康养旅游者的具有特定使用、欣赏价值的东西，就是康养旅游产品"主题"，它是设计理念、设计内容及设计对象特色的高度概括和凝练，是设计对象的发展方向、功能和形象的统一体，贯穿整个设计活动，是设计活动的灵魂。

1. 主题拟订依据

主题的拟订应充分调查研究，综合考虑设计活动的受众心理、社会时代潮流和设计对象的目标、自身性质特点及活动内容等因素。

2. 精确把握主题

正确而富有表现力的产品主题需要从以下三个方面把握：一是把握好主题与内容的关系。要在主题与产品具体内容之间取得平衡，从题材中"挖掘"出来的主题应该与题材自身的内涵相适应。二是把握好主题与材料的关系。康养旅游产品设计的题材通常是依赖具体事物而存在的，受制于具体事物，即康养旅游者的观赏对象。三是把握好主题与形式的关系。主题的表现形式通常是与内容密切相关的，康养旅游产品的题材一般对形式有"先行"的要求，或者康养旅游产品题材是与形式因素联系在一起的。

（三）构思设计创意

产品的创意设计是产品设计的核心，一般应该包括产品名称和风格的提炼，包括产品内容和表现形式、产品功能的确定等内容。创意离不开点子，点子是设计的亮点；但

创意不是点子，而是经过系统的组织、整理所形成的可以实现的构思和方案。

1. 借鉴法

通过广泛的调查和资料收集，设计者得到适用于设计对象的创意，在此基础上再结合设计对象的具体情况，对创意进行修改、变更和加工，添加新内容，形成新的构思，这就是借鉴法。

2. 感性认知法

设计活动虽然是一个创造性思维过程，但仅靠设计人员苦思冥想是不够的，需要设计人员走出去，对设计对象进行实地调研和市场考察，积极参与康养旅游产品的生产和销售，通过广泛的调研和体验获得感性认识。在此基础上，设计者往往可以获得新的灵感和创意。

3. 积累法

很多好的创意是在资料和信息的日积月累基础上产生的，经验的再应用常常会产生新的创意。设计者可以通过实地观察、设计座谈会、摘抄、剪报、记录等途径，以及学习、研讨、交流和体验等方式逐步积累康养旅游设计的理论和经验。

4. 联想法

联想法就是把一种事物和现象与其他事物和现象联系起来加以思考，从而获得创新的方法。

（四）确定设计方案

康养旅游设计往往出现几个甚至许多个创意，在最优方案选择过程中，应该注意两个问题：一是比较各种方案的可行性和可操作性，所选方案应该符合委托单位实际情况。比如，有的方案尽管很好，但投资大，周期长，所需外部条件比较苛刻，这样的方案就不能采用。二是征求委托方或有关方面的意见和建议，并合理吸收。这是因为委托方与有关方面熟悉当地实际情况，而且方案的顺利实施和执行与他们的信任和支持密切相关。

四、设计再完善

产品设计在实施之前还需要经过征求意见、答辩评审、修改完善三个步骤。实施一项康养旅游设计需要较长时间，涉及大量人力、物力和财力的投入，关系一个康养旅游企业或康养旅游目的地的发展前景。因此，设计方案实施前必须征求意见、答辩、评审。在设计方案评审的过程中，设计小组应对设计书内容进行详细阐述，对提出的问题明确答复，并认真记录各方面的意见和建议。设计方要根据正确的意见和建议修改设计书，认真对待各方面反馈的意见和建议。为了避免大量调整，设计方应在调查阶段尽可能多地获取资料信息，在设计创意阶段要与领导和相关部门多沟通、多交流。康养旅游项目

拓展：康养旅游产品组合

可行性研究工作程序如图 3-2 所示。

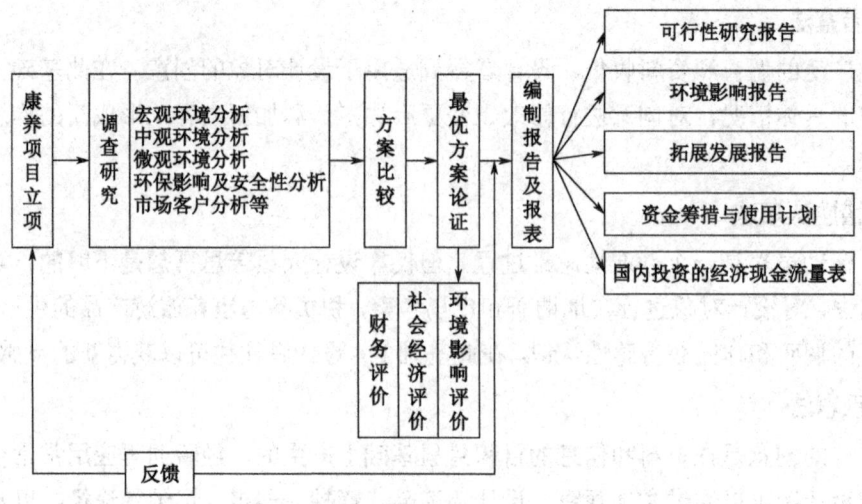

图 3-2　康养旅游项目可行性研究工作程序

五、实施方案

　　一旦方案得到批准，就要进入实施阶段。在实施的过程中，设计人员要密切关注以下问题：一是告知委托方抓住实施方案的有利时机，并明确时间要求。因为设计的各种背景变化较快，如果时间拖得过长延误了时机，就达不到预期的设计效果，从而给委托方带来损失，也不利于树立设计人员良好的形象。二是告知委托方对设计方案的实施进行有效管理。委托方要保持设计的连续性和权威性，要严格按照设计内容实施，不能随意改动设计内容。三是认真做好设计实施过程中的服务工作。严格监控设计方案的实施情况，及时收集和掌握设计执行过程中的各种信息，并根据客观条件的变化对方案进行必要的补充和修正。

任务二
康养旅游景区产品设计

任务导读

　　康养旅游景区是康养旅游产品中的核心吸引物，是形成区域康养旅游产品和康养旅游线路产品的基本元素，是线路中"点"的概念。康养旅游景区产品设计主要研究康养旅游景区产品的构成、康养旅游景区产品设计的理念、康养旅游景区游线设计和康养旅游景区产品创新。

一、康养旅游景区产品的构成

康养旅游案例：
攀枝花
"阳光花城"

康养旅游景区，又称康养旅游地或康养旅游目的地，是康养旅游者实现康养旅游目的的活动场所，也是各种自然景观或人文景观资源的载体。

从供给的角度看，康养旅游景区产品是指康养旅游经营者凭借康养旅游吸引物、交通和康养旅游设施，向康养旅游者提供的用以满足其康养旅游活动需求的全部服务。

从需求的角度看，康养旅游景区产品就是游客在景区获得的完整经历，是三个主要因素的混合物，即景点、景区设施和可进入性。

从产品整体概念的角度看，康养旅游景区产品由三部分构成：核心产品、形式产品和扩展产品，如图3-3所示。其中，核心产品是指消费者购买某种产品时所追求的核心利益，也就是消费者真正要购买的服务和利益；形式产品是指核心产品借以实现的形式，即向市场提供的实体和服务；扩展产品是形式产品的扩大部分，包括为消费者提供的附加服务与利益。

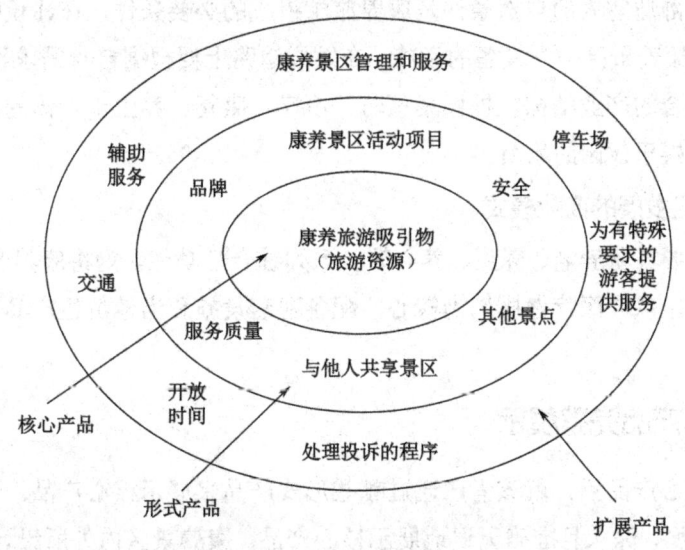

图3-3 康养旅游景区产品的构成

二、康养旅游景区产品设计的理念

康养旅游景区产品设计是对游客旅游的全过程和各个接触点的全面设计。产品设计的范围不应局限于主题形象和特色康养旅游项目,而是对游客游览前、游览中及游览后的每一个景观或接触点进行精心设计。

(一)核心产品准确定位

核心产品是产品设计的起点和依据。产品定位是指通过识别游客需要,开发并向游客传播与竞争者不同的优势产品,使游客对该产品有比竞争产品更好的认知过程,它是一个产品区分化的过程。设计核心产品时,要从市场需求的角度对景区资源特点、区位情况等进行科学分析,挖掘其核心优势,这一核心优势就是提供给游客的核心利益。康养旅游景区核心产品定位需要考虑以下内容。

1. 关注各个群体

在社会快步进入老龄化和亚健康人群增多的背景下,各类人群都是康养旅游的潜在客户,如已老、初老、将老群体和亚健康群体。在人们习惯了传统的旅游模式以后,康养旅游作为一种新的旅游模式,具有很强的吸引力,兼具医疗、养生、旅游等综合型的旅游产业存在巨大发展空间。

2. 软件设施、硬件配套设施统筹兼顾

风景优美、舒适宜人的自然条件是康养旅游组成的必要条件,在建设时要具备较强的疗养功能,这是康养景区必须具备的设施。在发展道路上要根据自身需求设置保健、医疗、康复、护理相融合的产业结构,提供集预防、治疗、康复、养生于一体的康养机制,同样也要设置供游客娱乐休闲的场所。

3. 建立稳定发展的商业模式

康养景区需要具备养老、养生、养心等一系列综合性功能,为将康养产业做大、做好、做长久奠定基础。以"医疗健康"为核心,配备配套设施和当地特色产品,建立独具特色的商业发展模式。

(二)形式产品完整展示

在设计好核心产品后,就该考虑通过哪些形式产品来展示核心产品。形式产品的设计要做到真实、全面、深入且准确无误地展示核心产品。康养景区内外所设计的每一个景观、每一项活动或每一种服务接触点都是从不同方面围绕核心产品而设计的,具体可以从游览前、游览中和游览后三个环节进行开发设计。

游览前形式产品设计主要是希望游客在游览康养景区前就有一个好的印象或感受。这里主要包括康养景区主题形象设计,以及康养景区外交通、餐饮和住宿等方面的精心设计。

游览中形式产品设计是游客正式进入康养景区游览后的系列产品设计,是形式产品设计的主体,应该遵循真实展示核心产品、全面营造游客体验的原则,从康养景观体系、服务接触体系、特色活动项目、节庆会展活动、主题活动设计、康养旅游纪念品和景区环境等方面进行全面规划(见表3-2)。

表3-2 康养旅游景区形式产品设计项目

形式产品项目	设计内容	设计要求
康养景观体系	山岳	负氧离子高、紫外线充足
	森林	含负氧离子和芬多精等植物杀菌素,具有生态保健、调节心理的功能
	生态田园	充足的阳光、良好的生态
	养生民居	浓郁的乡村养生气息
	生态物产	绿色产品
	养生美食	健康营养、搭配得当的美食
	地热温泉	特效矿物质及水温
	湖滨、海岛	富含阴离子,有较大的热容量
	草原	促进空气电离
	盆地	气温、湿度适宜
	传统养生文化	佛教养生、道教养生、医家养生、儒家养生
	民族养生	不同民族、民俗的养生方式
服务接触体系	售票、门岗、导游和咨询等游客与景区工作人员服务接触	树立服务营销和全员营销意识
特色活动项目	体验性、表演性和综合性活动项目	注重增强文化内涵和吸引力
节庆会展活动	康养景区自办或参与的各种节庆会展活动	紧扣核心产品,强化景区主题形象
主题活动设计	促销型、公关型或综合性主题活动设计	注重主题的吸引力和充分展现核心产品
康养旅游纪念品	康养景区特色纪念品和一般康养旅游商品	突出纪念性,便于携带
景区环境	设施及文化氛围	注重细节,精雕细琢

游览后形式产品设计是游客离开景区前往下一个康养旅游目的地或景区游览时的一系列产品设计,主要包括咨询服务和产品组合设计。游客游览完景区后,景区应为游客提供他们可能需要的各项咨询服务。产品组合设计是指要把该景区与其他景区或娱乐场所等组合起来,形成康养旅游线路。

(三)附加产品恰到好处

附加产品的设计是游客额外获得的一些好处或利益,是为了给游客制造惊喜,增强竞争力。在设计附加产品时务必做到恰到好处,即注重两个要点:一是注重适合性和适度性,要投顾客需要之所好。所提供的附加产品必须是游客想要的,但也要控制其成本。二是用游客所喜欢的特殊方法来设计，通过设计不同的赠送方式为游客制造惊喜。

总之，产品整体概念的内涵和外延都以消费者需求为标准，并以核心利益为核心层次，把其他层次看作核心利益的表现、丰富、拓展和延伸。康养旅游景区运用产品整体概念设计产品，准确认识核心利益，根据康养旅游者的需求变化来预测并设计出更多满足游客需求的新产品形式，体现了以创造游客体验为中心的现代康养旅游观念，才能保持康养旅游景区的独特吸引力，实现康养旅游景区的可持续发展。

拓展：
深度康养旅游

三、康养旅游景区游线设计

景区游线设计是康养旅游景区的游览线路设计，是康养旅游景区内专供游人游览、观赏景物和进行其他活动而设计与组织的线路，是引导和组织游览活动的必要方式，相对于康养旅游线路产品设计来讲，是小尺度的线路设计。景区项目设计和实施之后，对于康养景区旅游产品设计，重要的是如何将这些康养旅游项目串联起来，形成游线，使游人有线可循、有路可走。

案例：森林康养
度假旅游线路，
在自然的怀抱里
自在呼吸

（一）游览线路的类型

1. 按线型分类

按其线型分，可分为环状闭合型和线状放射型两种。环状闭合型呈环状，起点和终点聚合，这种游线多见于人工色彩较强的康养旅游景区；线状放射型由起点开始、终点结束，并且有多个终点，这种类型的游线多见于大型的自然风景区，可为游客提供多种游览线路选择，以丰富的康养旅游产品资源为基础。

2. 按位置和功能分类

按所处位置和功能分，可分为景外游览线和景内游览线。景外游览线是指景区内景点间或者康养旅游服务区、居住区与康养旅游区之间的游览和联系的道路，它能帮助游人跨越较大的空间，来往于不同的功能区之间，一般按车行、动观的方式进行设计。景内游览线是指布设在康养旅游景区内以观赏景物为目的的游览线，它能够给游人提供最佳的视线角度和位置，一般按步行游览方式进行设计，要求以慢游、驻足细观为依据。

（二）游览线路的功能

1. 景点和服务点之间相互联结的纽带

景点和服务点在康养旅游景区内的布局是分散的，康养旅游景区本身又有一定的地域范围，因而各点之间存在着一定的空间距离，必须以一定的方式将之联结，才能形成一个整体。

2. 游客的导向

游客一进入康养旅游景区，往往并不了解景物的地点及其可达性，而游览线路是显而易见的实物，而且还要多设标志和方向牌，对游客起到引导和指示作用。

3. 限定游客与景物的距离

限定游客与景物间的接近程度，一方面可以对景物进行保护，另一方面有助于游人的审美效果。有的景物出于保护原因，不宜接近，游览线路可将游客与景物之间的距离加以限定。另外，有的景物对其观赏效果与距离的远近有很大的关系，在美学上称"距离美"，游览线路可以引导游人保持对景物欣赏的最佳距离，使游人得到最美的体验。

4. 组织游览过程

游览过程有开始、展开、高潮和结束等阶段，游览线路可以将这些不同的阶段进行有机组合，根据景物之间不同的时间和空间距离，道路的高低平缓，以及服务点、休憩点不同的设施和环境等，将各个阶段展开和衔接，从而实现最佳的康养旅游效果。

（三）游览线路设计的原则

1. 主题突出的原则

景区中对反映主题的景物要多设计几个观景处，从不同角度重复观览，以强化游人的感受，力求景区主题鲜明，既有统一感，又有层次感和变化感。

2. 顺序和节奏安排合理的原则

游览线路组织要有序，符合人们认识事物的过程，总体上应符合"越来越好"的趋向，避免走回头路，要使游客处处感到新鲜，游兴未尽。安排游览路线，要做到有入景、有展开、有高潮、有结尾。此外，旅游节奏的松紧和景点游览的时间应有适当的交错，根据步行的长度和攀高的高度，适时设立休息点。

3. 选择最佳观赏点的原则

观赏点应有最佳位置，充分展现游览线上景点的景色风貌，本着"美则显之，丑则隐之"的原则进行设计，形成远景、近景和特写景的组合，观赏角度平、俯、仰的变化，提高游览质量。

4. 布局富于变化的原则

游览线路的布局要富于变化，做到有扬有抑、有旷有实、高低起伏、曲曲折折，使人目不暇接，步移景异。此外，游览线路的设计还应该注意：宜曲不宜直、宜狭不宜宽、宜粗不宜细、宜险不宜夷；欲扬先抑、欲露先藏；高低相宜、险中求夷。

（四）游览线路设计的方法

1. 移步换景

步移景异是组景中经常使用的手法，即将不同景物设置于游览道上，疏紧相间，错落有致，步步有景，段段不同。游览线就像一条彩线，将粒粒"珍珠"串联起来。

2. 曲径通幽

线路迂回曲折，或上下盘绕，或穿林越峰，或临池俯瞰，或登山远眺，或入谷探幽，充满情趣，诱人去探求。

3. 豁然开朗

欲扬先抑，欲露先藏，让游人在心里感受到一段压抑之后的豁然明亮，给人以"景越藏则境界越大""柳暗花明又一村"的感觉，达到最大的强化效果，增强感受和印象。

4. 峰回路转

围绕主题，适度展开，从不同角度欣赏主景，得到不同的感觉，加深印象。

5. 渐入佳境

特色和等级有序排开，一个比一个好，使游人兴趣递增，逐渐达到佳境。

上述五种游览线路设计方法可以单独使用，也可以交错相间、综合并用。游览线路将景区内的各种康养旅游项目串联，形成康养景区旅游产品。康养景区旅游产品再由康养旅游线路串联起来，成为康养旅游者最终消费的康养旅游产品。

四、康养旅游景区产品创新

（一）康养旅游景区产品创新的原则

1. 协调性原则

景区在产品创新时，无论开发新产品，还是对现有产品质量进行改造，都须与原有的景观协调一致，不能破坏原有景观的整体性和完整性。

2. 差异性原则

景区产品的创新要突出产品的差异性，设计出"人无我有、人有我特、人特我精"的特色产品。差异性有两类：一是地域距离差异，二是实质内容的差异。前者是暂时性的，后者是永恒的。

3. 真实性原则

真实性是康养旅游者渴望得到并积极追求的一种经历。随着消费意识的日益成熟，康养旅游者对游乐空间和情感体验对象的要求不断提高和深化，出现了追求本原性、真实性景观环境和游乐体验的倾向。景区所要做的是尽量贴近景观、文化和历史的原貌，让游客真实地体验和感受。

4. 体验性原则

未来康养旅游者在闲暇时间会更积极地寻求可提供参与和学习的机会，以及有趣和有娱乐性的目的地，也即积极寻求娱乐、教育和审美的体验。景区产品创新应提高产品的娱乐性、教育性和审美行为导向，开发参与性和文化内涵高的产品项目，让游客在景区得到丰富的体验。

（二）康养旅游景区产品创新的内容

1. 主题创新

主题是贯穿景区产品的链条，产品的特色在于主题的特色。创新具有亲和力的逻辑关系，使景区与目标游客群体之间能互动起来；具有震撼力的游园线索，游客置身其中就能体验到特殊的感受；具有扩张力的产品链条，使景区不断完善产品体系和提升产品功能。现代旅游行为学表明，旅游本质上是旅游者寻找与感悟文化差异的行为和过程，主题的挖掘与提炼必须更加关注康养旅游动机，体现康养旅游行为的本质，凸显主题的文化性及特色选择。

2. 结构创新

康养旅游景区产品有观光产品、度假产品和专项产品。观光产品是康养旅游产品的初级产品，度假产品是比观光产品高一级的产品形式，专项产品是专门化、主题化和特种性的康养旅游产品。产品结构创新是对现有康养旅游产品的补充，即选择性康养旅游产品开发。对原有产品的组合情况进行整合，加强多种康养旅游产品的开发，完善产品的结构。

3. 功能创新

康养景区产品按其功能可分为三个层次：基础层次——陈列式观光游览；提高层次——表演式展示；发展层次——参与式体验与相关活动。康养景区产品在三大层面上的演进，带给游客的满足和获得游客重游率逐级上升，产品生命周期也相应延长。体验产品作为新兴康养旅游产品，其作用在于可以演绎文化、深化主题；完善产品结构，延长游客活动时间；培养景区新的经济增长点，延长景区生命周期；提升企业竞争力，创造企业品牌。

康养旅游产品设计案例：太阳谷·明日小镇康养度假田园综合体

（三）康养旅游景区产品创新的途径

1. 外延式扩张，即开发新产品

康养旅游新产品开发的主要内容可以概括为产品整体性能开发、产品技术条件开发和

产品市场条件开发三个方面。新产品开发的作用：一是可以完善景区景观和丰富景观内涵；二是可以拓展景区容量，缓解景区承载压力，为游客提供宽松舒适的康养旅游环境；三是可以增强景区吸引力，为老景区注入新的活力，使游客常看常新。

2. 内涵式升华，即改造老产品

对康养旅游产品进行深层次开发，实现产品的高级化。实现深层次开发，重点在于变出售资源为出售产品，变被动服务为主动设计推销产品，变参观型为参与型，变大路产品为个性产品，变单一雷同为丰富有特色的内容。文化是康养旅游景区产品内涵式升华的切入点，自然康养旅游资源应重视其自然文化导向，深入挖掘其科学和美学内涵，以科普教育、原始风光、探险和生态考察为主题，避免过多的人为冲击，保持其自然属性的本质特色；人文康养旅游资源应以历史文化为导向，以民族性、艺术性、神秘性、地域性和传统性为特色，以名胜古迹、文物艺术、宗教文化、民俗风情和文学艺术等为主题来创意设计具有文化品位和艺术氛围的康养旅游项目。

拓展：
智慧康养旅游

3. 优化产品组合

无论是横向的外延式扩张，还是纵向的内涵式升华，其实质都是对康养旅游产品组合进行优化。优化景区产品的组合是指各种景区产品（如住宿、饮食、疗养、健身、娱乐、购物、游览和参观等）进行最优化的组合结构，这是景区产品创新的最终目标。要实现产品组合的优化和升级，康养旅游景区应建立三种机制：一是康养旅游产品淘汰机制，即对缺乏市场竞争力的产品实行自然淘汰；二是康养旅游产品升级或优化机制，即对骨干传统产品按市场需求变化加以改造，保持或提高市场占有率；三是康养旅游产品创新机制，即具有市场潜力的新产品有生长发展的机会和条件。

任务三
康养旅游线路产品设计

任务导读

康养旅游线路产品是康养旅游产品最常指代的一个层次的概念，它通常表示旅行社在康养旅游过程中向旅游者提供的各种单项康养旅游产品的合理组合。康养旅游线路产品，在时间上从康养旅游者接受旅游经营者的服务开始,到圆满完成康养旅游活动、脱离服务为止;在内容上包括康养旅游活动全过程中,旅游者所享用的以食、住、行、游、购、娱六大要素为主体的一切服务和实物,并按照预先安排好的日程和计划进行。

一、康养旅游线路产品的类型

(一)按康养旅游行为的尺度

一是全程线路。全程线路是一种大尺度的旅游线路。其特点如下:其一,跨度大,主要由航空交通加以联结;其二,所选各点均为知名度高的"精华"康养旅游城市或风景区,符合游客出游的"最大效益原则";其三,基本不走回头路。

案例:黔西南州这三条经典康养文旅线路,每一条都很经典

二是环状线路。只有一个起点和一个终点,且起点和终点聚合的线路。

三是节点状线路。节点状线路是一种小尺度的康养旅游线路。康养旅游者选择一个中心城市为"节点",然后以此为中心向四周的康养旅游点进行往返性的短途康养旅游。

(二)按康养旅游线路串联各点的内容

一是综合性线路。综合性线路指有综合特征的康养旅游线路。这种线路所串联的各点康养旅游资源性质各不相同,有的是自然风光,有的是人文景观。

案例:2022年湖南省首批中医药康养旅游精品线路发布

二是专题性线路。专题性线路是通过串联康养旅游景物(或活动),由比较专一的内容或属性的各点形成的康养旅游线路。全线各点的康养旅游景物(或活动)有着同一主题,因而这种旅游线路具有较强的文化性、知识性或趣味性。

(三)按康养旅游者行为和意愿的特性

一是周游性(观光)线路。选择周游性线路的游客目的在于观光,线路一般串联多个康养旅游目的地,游客重复利用同一线路的可能性较小。从经济角度而言,周游性线路成本较高,因此有学者认为我国康养旅游线路设计度应从单纯的周游性向线性多样化转移,即尽可能开发"逗留性线路"。

二是逗留性(度假)线路。逗留性线路的特点在于康养旅游目的多是度假性质的,线路中包含的康养旅游目的地数量相对较少,同一康养旅游者重复利用同一线路的可能性较大。

（四）按康养旅游产品包含的内容

一是全包价康养旅游线路。全包价康养旅游线路包括从游客出发开始直至游客回到出发地点的整个过程。康养旅游者将涉及康养旅游行程中的一切相关服务项目（包括食、住、行、游、购、娱，以及导游服务、办理保险与签证等各环节）费用统包起来预付给旅行社，由旅行社全面落实旅程中的一切相关服务项目。这种线路康养旅游的特点是旅游时间适宜，线路设计科学合理，而且线路组织一般都很成熟；缺点是机动性较小。

二是半包价康养旅游线路。半包价康养旅游线路是指在全包价康养旅游的基础上扣除中、晚餐费用（不含中、晚餐项目）的一种包价形式。半包价康养旅游的优点是降低了产品的直观价格，提高了产品的竞争力，也更好地满足了康养旅游者在用餐方面的不同要求。

三是小包价康养旅游线路，也称可选择性康养旅游。康养旅游线路只涉及康养旅游全过程的某些部分，其余由游客个人自行安排。小包价康养旅游线路由非选择部分和可选择部分构成。前者包含城市间交通（长途交通）、市内交通（短途交通）及住房（含早餐）；后者包括景点项目、娱乐项目、餐饮、购物及导游服务。小包价康养旅游具有经济实惠、手续简便和机动灵活等特点，深受旅游者欢迎。

四是零包价康养旅游。零包价康养旅游是一种独特的产品形态，多见于康养旅游发达国家。参加这种旅游的旅游者必须随团前往和离开康养旅游目的地，但在目的地的活动是完全自由的，形同散客。参加零包价旅游的康养旅游者可以获得团体机票的优惠，并可以由旅游团统一代办旅游签证。

（五）按康养旅游消费范围

一是国际康养旅游路线。国际康养旅游包括入境康养旅游和出境康养旅游。入境康养旅游是指我国旅行社接待海外人士来中国康养旅游；出境康养旅游又称为海外康养旅游，指在本国以外的国家或地区康养旅游。

二是国内康养旅游路线。适用于康养旅游者在中国境内消费。

二、康养旅游线路产品设计的程序

（一）市场调查分析

任何康养旅游产品的开发，都必须进行周密的市场分析与调研。只有对现有市场进行冷静的分析，把握市场需求，寻找市场亮点，才能找准产品开发的市场切入点，创造性地开拓市场。通过市场调查分析，确定目标市场和康养旅游产品的性质、类型和等级，确定线路主题。

调查内容：发现具有鲜明特色的康养旅游景区，康养旅游者对目的地的偏好及对服务

的选择，中间商的建议和所蕴藏的商机利益等；康养旅游外部环境，如国内外政治与法律情况、经济环境、社会环境和行业竞争情况等。

调查方法：通过问卷调查了解游客偏好，由旅行社的各类员工提供一手资料，对旅行社以往的产品销售数据进行分析，预测未来产品的生产与销售趋势。

（二）制订产品计划

一是线路名称。根据康养旅游主题，确定独具特色和吸引力的线路名称。

二是康养旅游景区。选择康养旅游目的地，根据康养旅游吸引物确定康养旅游节点。

三是康养旅游活动。明确参观游览、文化娱乐活动的具体位置和时间。

四是康养旅游服务。确定住宿、餐饮和购物的具体位置和时间。

五是康养旅游交通。以一定的交通方式把各节点合理串联在一起，组成一条康养旅游线路。

六是产品价格。根据成本核算，综合考虑战略定位等因素合理定价。

七是相关内容。行团时间、每个康养旅游团接待量、产品的期限和优惠条件等。

案例：长三角推出12条精品康养旅游线路

（三）制作宣传资料

宣传资料是康养旅游线路产品的外包装，是最为重要的营销工具。宣传资料分为宣传手册和传单两种，内容简繁不一。

宣传手册的内容通常包括康养目的地情况简介、旅行日程安排、住宿与餐饮设施、价格、交通工具的安排、健康要求、保险，以及康养旅游纠纷的仲裁等。宣传手册一般都制作精美，能体现康养旅游产品的特点，一些大的康养旅游经营商每年制作的宣传手册多达上千万册。

拓展：康养项目营销策划方案：关键在于五个点

线路宣传单的内容通常包括线路名称；主要行程项，包括日次、抵离城市、乘用交通工具（飞机、汽车或火车），当日具体行程、用餐安排和下榻酒店；产品说明项，包括收费说明（费用包含项与不包含项）、报名注意事项说明（主要包括报名截止日期和成团人数，要特别说明只有达到基本人数才能成团）、签证所需材料，以及对其他事项的承诺和声明（如保险承诺、对收取费用的说明等）；线路相关宣传资料，即康养旅游目的地情况简介等。

（四）信息反馈

为加强对产品质量和产品销售的监督，不断完善产品服务，康养旅游应该注重收集反馈意见。反馈意见一般从媒体的反应、竞争对手反应、游客意见、接待社意见、领队意见和导游建议等方面进行收集。

思政小课堂

康养国民身心　提振民族精神

康养旅游的产业基础显著特征是具有浓郁的养生文化，以康养旅游目的地的自然生态环境和自然资源为依托，充分整合资源与文化，优化和提升生活质量，达到养生的目标。康养旅游产业主体为非物质层面的传统文化养生资源，因此文化资源驱动的康养发展模式关键在于如何将"文化"具体化为产业发展的载体。

自古以来，中国就有丰富的健康养生文化，作为中国哲学思想的起源和古代思想意识的代表——儒家文化因其广泛的影响力丰富了康养旅游的理论内涵：首先，"仁者爱人"，强调用儒家伦理道德来加强人性修养，培养豁达乐观、积极进取的生活态度，以达到博大宽容、中正平和的人格境界。"修身以道，修道以仁。"（《中庸》）"仁"是道德修养的最高境界，是君子修身养性的最终目的。"仁者"不仅在行为上遵礼，思想上至善，心胸上更是宽广、坦然，因而能实现"仁者寿"的养生目标。其次，"中庸"之美。《中庸》记载："喜怒哀乐之未发，谓之中发而皆中节，谓之和。中也者，天下之大本也，和也者，天下之达道也。"即追求一种恰如其分的状态，要求人不冒进、不退缩，稳妥为上方能成事，最终达到"致中和"，实现事物的整体和谐与完美；西汉董仲舒同样认为"能以中和养其身者，其寿极命"（《春秋繁露·循天之道》）。这就要求康养旅游者在旅游活动中能够调节自身心态，以平和心对待身边之物，才能实现"和者寿"的养生目标。最后，"养性事天，修身立命"（《孟子·尽心上》），即通过心性的修炼而事天，得以安身立命，因此养德、养性与养生是统一的。把这种养性观融入康养旅游理念，即是通过养性达到养生的目的。可以说，儒家的修心养性在一定程度上就是一种心理养生的方法，对丰富康养旅游的理论内涵有很大的影响力。

问题：中国传统文化中具有诸多的健康养生文化，对康养旅游有哪些启迪？

思政小课堂
分析提示

三、康养旅游线路产品设计的要求

康养旅游线路设计要有利于康养旅游者达成出行目的，有利于康养旅游活动的组织与管理，有利于康养旅游产品的优化与组合。因此，康养旅游线路须考虑四个基本因素：康养旅游景区吸引力、康养旅游基础设施、康养旅游专项设施和康养旅游成本（费用、时间和距离）。其中，后三项与旅游可达性密切相关。

（一）确定游客主要流向

根据可利用的康养旅游资源条件和康养旅游市场的需求，确定游客的主要流向，并在此基础上安排各项康养旅游线路。

（二）确定各旅游线段性质

康养旅游线路是由若干旅游线段组成的连续体，每一旅游线段所承担的功能常常有很大的差异，确定各线段的性质是康养旅游线路规划中的重要工作。按康养旅游功能和规划建设的特征差异，可分为以下三类：一是"旅线"，即以旅行为主要功能的康养旅游线，一般要求方便、舒适、快捷；二是"游线"，即以游览为主的康养旅游线，一般要求步行（人车分流）、驻足和提供最佳视点视域等功能；三是"游旅结合线"，即边旅边游，一般要求特色交通工具（如竹排、游船、马车和雪橇等）。在整条康养旅游线路设计中，要注意"游线"与"旅线"的比例，即控制"游旅比"或称"行游比"。

（三）合理安排转换节点

节点是指不同性质康养旅游线段的连接处，是游客康养旅游方式的切换点，常常也是不同游客群体的游线分叉点。对于节点位置的确定，一般要求节点地带有方便的交通设施，如停车场和交通换乘中心；在转换节点处有各级别的住宿餐饮等服务设施等。

（四）确定康养旅游线路的空间结构

康养旅游线路有多种组织形式，但主要的结构有环型、全程型和辐射型结构。在实际设计工作中，应以这三种基本型为基础，按不同的地域条件组合成多种方式。

（五）合理安排时间结构

旅游群体要在一定的时间内完成康养旅游活动，而康养旅游区能吸引游客逗留的客观条件有所不同，因此康养旅游线路组织规划应根据具体条件，合理安排一日游、二日游及一周游等康养旅游线路。

项目思考

1. 简述康养旅游产品设计流程内涵及主要任务。
2. 创意产品设计各要素及其内涵是什么？
3. 如何设计康养景区旅游产品？
4. 简述康养旅游线路旅游产品的划分、设计要求及程序。
5. 如何进行康养景区旅游产品创新？

项目作业

温泉产业转型：从面向娱乐休闲到构建康养复合业态

世界卫生组织数据显示，目前中国人均健康支出不足美国的5%，距离全球人均健康支出差距更大，仅为1/5，在这一背景下，中国康养产业发展潜力巨大。面对这一历史机遇，温泉小镇将是未来康养度假开发的超级热门。

从土地开发层面而言，大型温泉度假项目的开发需要大规模资金投入，单一开发温泉泡浴产品无法实现快速回报与土地开发价值的最大化；另外，温泉本身具有养生与休闲的双重价值，与地产行业跨界融合的"温泉休闲综合体"能提升地产的附加值、增加开发回报，因此温泉旅游必然走向综合化、品牌化的开发之路。

从消费需求层面而言，随着消费水平的提高，富裕人群对于温泉的消费需求，已经上升到满足其对于"保健疗养、运动游乐、商务会议、休闲度假"等全方位、多层次、综合性的休闲消费需求。这导致功能单一的温泉度假项目逐步丧失市场竞争力，亟待改造升级，加快温泉从"单一利用"走向"综合开发"的进程。

最具潜力的四大产品组合

温泉旅游的综合开发时代，绝不局限于单一的"泡池汤浴"，而是要结合市场需求，通过纵向创新与横向聚焦，实现产品链的延伸，四大最具潜力的产品组合如下。

一是温泉+亲子乐园。发挥温泉的亲水本质，把游泳池、人造沙滩、造浪池、水上表演项目作为重要内容融入温泉产品的开发，增强人们的亲水参与性与体验性，增加夏季运营的收入。

二是温泉+康养美容。利用温泉的养生功效，将养生、健身、医疗、康复、美容、护理、健康管理等一系列养生手段深度结合，形成面向中高端市场特别是女性市场的巨大突破。

三是温泉+商务酒店。以温泉水疗为吸引，以会议度假酒店为载体，以会议接待为重点的温泉会都模式。除了少量处于偏远地区、交通相对不便的温泉，会议几乎成为大多数温泉度假村经营发展的重要带动产品。

四是温泉+运动基地。相关资料显示，几乎所有的滑雪场都有温泉或水疗产品的配套。此外，温泉还成为高尔夫球场、健身中心、训练营、拓展基地的宠儿。结合温泉达到科学治疗和恢复的目的，这需要专业的设备、专业的服务和系统的管理模式。与普通温泉产品相比，这类温泉更具备品牌的输出性，面向专项市场的服务具有非常广阔的市场前景。

项目作业
分析提示

请根据所学知识，分析**温泉度假养生旅游产品开发思路**。

项目四

康养旅游产品定价

项目导航

在康养旅游市场上,在旅游消费者和旅游经营者的交换关系中,价格既是保证交换能够顺利进行的前提条件,也是旅游宏观调控的一个重要手段,因此价格是旅游经济运行的指示器和调节器。

本项目主要阐述康养旅游产品的定价影响因素和定价方法,并在此基础上进一步研究康养旅游产品的定价策略,结合实际情况,对康养旅游产品的计价方法进行系统分析。

学习要求

1. 掌握康养旅游产品价格特征及影响产品价格的因素。
2. 掌握康养旅游产品的定价方法。
3. 理解康养旅游产品定价策略,明确产品价格背后的营销思维。
4. 掌握康养旅游产品的计价方法,能够核算产品成本,综合运用定价方法、定价策略制定产品价格。
5. 增强对本专业的认知度、理解度和热爱程度。

思维导图

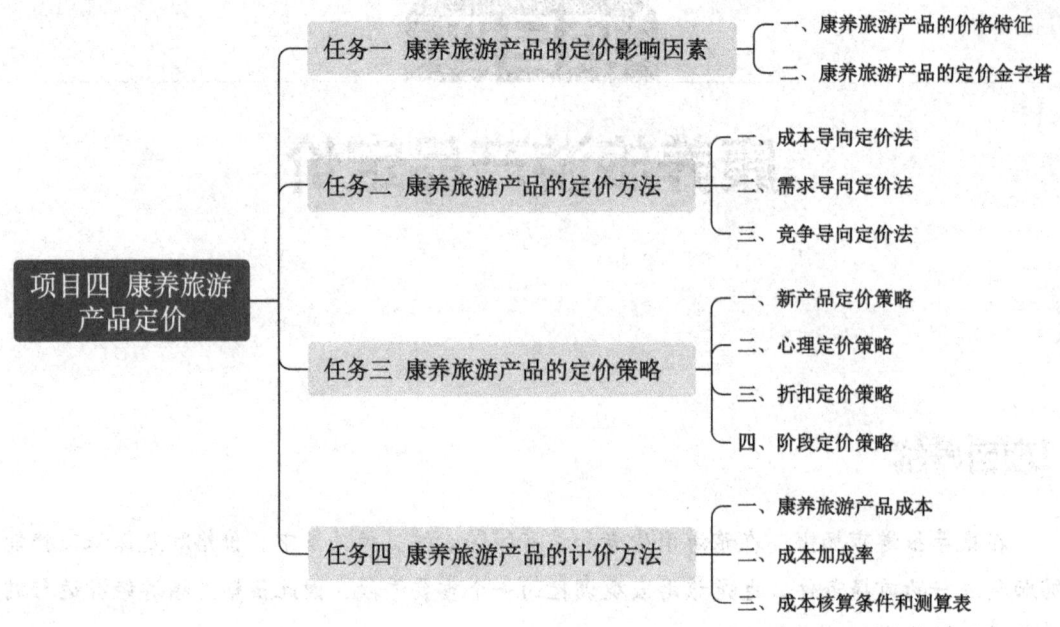

情境导入

大健康产品和服务消费不断升温

  第四届中国国际消费品博览会于 2024 年 4 月 13 日—18 日在海南海口举行。新华社"新华健康"记者了解到，当前，大健康消费成为新的趋势，从膳食营养健康产品到智慧健身设备再到康养服务项目，越来越多的消费者愿意为健康买单；与此同时，大健康领域"选择性消费"正转向"刚需性消费"。在政策支持、经济发展和技术升级等要素的驱动下，我国大健康产业迎来巨大的发展机遇。

消费者"为健康买单"热度不减

  保温杯里泡枸杞、可乐加点维生素、边熬夜边敷面膜……时下兴起的"朋克养生"，在某种程度上说明人们并没有放弃对身心健康的管理。安永 2023 年发布的《未来消费者指数》认为，"健康优先"首次跃居中国五类消费群体的关注首位。

  在现代社会中，生活不规律、精神易焦虑、体检不过关等普遍现象，让大健康消费成为新的趋势。这在近期举行的被誉为"消费动向晴雨表"的中国国际消费品博览会上，可窥见一斑。可随处移动的养生按摩椅、能缓解焦虑和改善睡眠的"深睡小屋"、融合 5G 技术和人工智能的智慧健身设备、为半失能和失能老人提供"照看"体检的康养项目等，同样被列入各个年龄群的消费清单。

刚需性消费激发大健康产业活力

随着"健康中国"战略的持续推进，大健康领域的"选择性消费"转向"刚需性消费"，让大健康产业形成了新格局，来到了新风口。

据艾媒咨询预测，2024 年中国大健康产业总收入规模将达到 9 万亿元，相较于 2021 年 8 万亿元的总额实现了显著跃升。而天猫健康的统计数据也显示，2023 年该平台购买用户数近 3 亿，人均年度购买频次超过 5 次，达成了千亿元级的交易规模。近期发布的《中国营养健康食品行业蓝皮书》显示，截至 2022 年，中国营养健康食品行业规模已经达到 5 885 亿元，而现在市场渗透率只有约 20%，一些帮助提高免疫力、解决心脑血管功能性问题、改善睡眠和减重的产品，将迎来巨大前景，预计行业规模在 2027 年将超过 8 000 亿元。

构建良好产业渠道和秩序

在不少业内人士看来，大健康产业"是一个有门槛的事情"，并非能一蹴而就。当前健康产品细分领域比较多，新产品也层出不穷，健康消费领域譬如保险公司的养老社区还处于起步培育阶段，服务还没达到成熟和完善阶段，价格也做不到更加亲民。市场上同类产品鱼龙混杂、良莠不齐，而监管上相对乏力，虚假劣质产品往往需要很长的时间检验才能被淘汰，挤占了优质产品的生存空间。

部分细分领域的消费群体已经形成。在一、二线城市，国际家庭、高知人士，以及对生活品质有追求的人群，对健康膳食和健康管理产品产生了高强度"黏性"。有关部门在进行"提前预防、减少生病"宣传的同时，也要开展健康消费的大众教育，让消费者真正懂得"什么是健康"、"如何管理健康"，以及"如何辨别产品的优劣"。

任务一
康养旅游产品的定价影响因素

任务导读

伴随着康养旅游活动的进行，旅游者需要解决食、住、行、游、购、娱等的需求，在商品经济条件下，这种需求的满足借助交换活动来实现，而合理旅游价格是旅游交换活动顺利进行的条件。可见，旅游产品价格就是旅游者为满足旅游活动的需要所购买的旅游产品价值的货币表现形式。从旅游经营者的角度来看，旅游产品价格又表现为向旅游者提供的各种产品和服务的收费标准。

一、康养旅游产品的价格特征

旅游产品价格是旅游产品价值的货币表现,由于康养旅游产品具有不同于一般产品的特殊性,因此决定了康养旅游产品价格也具有其自身的特点。

拓展:旅游产品价格制定的目标

(一)垄断性

康养旅游产品构成中的资源,如森林、温泉、气候等,是在特殊的历史条件和自然环境中生产出的,其社会价值和科学价值具有不可替代性,不能通过现代的劳动和技术进行再生产。因此,它们的价格会因为资源的稀缺性和产品经营的独占性而表现出垄断的特点。另外,一些科技含量较高的康养旅游产品在短时期内也不容易被模仿、复制或再生产,在康养旅游市场上无竞争对手或竞争对手极少,因而在价格的制定上也具有垄断性。

(二)综合性

康养旅游产品价格的综合性是由产品的综合性决定的,康养旅游产品由康养旅游资源、康养旅游设施、康养旅游服务等多种要素组成,可以满足旅游者多方面的物质和精神需要,旅游者在康养旅游活动过程中所购买的是一系列产品的综合体,而产品的综合性必然使价格也带有综合性的特点。

(三)复杂性

康养旅游产品价格复杂性是由旅游产品生产经营部门多样性和旅游者购买方式多样性所决定的。首先,生产和经营涉及饭店、旅行社、交通、景区景点等多个部门和行业,有特定的经营范围,可以根据自身的实力和市场的供求情况,对企业的成本和利润进行独立核算;不同部门和行业旅游产品价格的计量单位也各不相同,而且康养旅游产品中服务所占比重较大,而服务价值的确定难以准确地量化,更多地取决于服务的态度、技能、方法等。其次,康养旅游者不同的购买方式所包含的价格差别较大,这些都使得康养旅游产品价格的确定及康养旅游者对产品价格水平的判断较为复杂。

(四)波动性

与一般商品的价格相比,康养旅游产品的价格具有较大的波动性,主要有三点原因。

一是康养旅游产品具有时令性。由于特定时期游客数量的增减而导致的供求关系失衡,必然会引起康养旅游价格的季节性波动。而波动幅度则取决于淡旺的程度,以及不同康养旅游目的地和不同康养旅游企业所采取的价格策略。

案例：28家景区春节期间接待游客逾300万人次　泉城文旅消费供需两旺

二是康养旅游产品具有易变性。康养旅游产品的销售容易受到各种内外部因素的影响，再加上康养旅游产品本身的特点，如构成成分复杂、关联性强、不可转移等，会引起康养旅游产品价格的变动。

三是康养旅游产品具有替代性。康养旅游产品目前阶段仍属于高端消费产品，非必需的消费活动，康养旅游需求具有较大的弹性。当康养旅游替代品的价格上升时，人们就会增加对康养旅游产品的消费；反之相反。康养旅游产品消费形势的变化，反映在价格的无规则波动上。

二、康养旅游产品的定价金字塔

拓展：旅游产品价格的分类

在商品经济中，价值与价格是处于不同层次之中的。价值虽然是价格的本源，它决定着价格的产生与存在，但不是决定价格的唯一因素，它不能决定价格的特殊本质，即价格要反映价值、供求、币值三者变化的关系。

康养旅游产品也是一种商品，产品价格同样也是产品价值、市场供求和一个国家或地区的币值的综合反映。一套有效的定价战略能够将价格与价值相匹配，定价战略由多个层次组成，这些层次是定价的支撑点，它们可以实现利润最大化，这些层次的组合形成了定价金字塔，如图4-1所示。

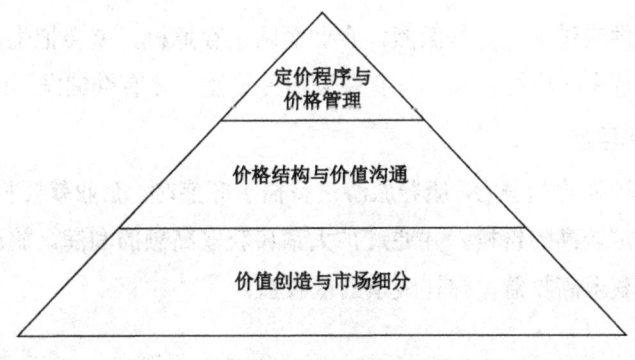

图4-1　康养旅游产品的定价金字塔

(一)价值创造与市场细分

价值创造是定价的根本,从产品到营销就是价值创造的环节。正确的市场导向是价值创造的关键,康养旅游市场细分作为营销的基础,应该注重价值创造。市场细分基础是根据康养旅游者的不同特征进行市场划分,主要有以下六个步骤:一是确定基本的细分标准,如年龄、性别等人口统计资料,或者购买模式、客户描述、被满足和未被满足的需求清单等旅游者信息;二是确定区别性的价值驱动因素,咨询行业专业、分销商和销售人员的意见;三是确定执行限制和执行优势;四是得出主要的细分市场;五是具体的细分市场描述;六是设定细分市场的计量单位和间隔。

(二)价格结构与价值沟通

在根据价值进行康养旅游市场细分之后,定价面临新的问题:细分市场上这么多的旅游者,怎么知道每个人对"价值"的定义呢?因此需要注意的是,价格不该只有一个,而该有"一组",依照消费时间、消费者特性、消费数量等价值,来差别定价。"沟通价值"就是让康养旅游者知道、认同产品和服务的价值,并且愿意花钱购买。参考价格与价格公平度感知也会影响旅游者支付的意愿。在当今电子商务迅速发展的背景下,旅游消费者对产品的评论在旅游者的购买决策中起到越发重要而不可替代的作用。管理者不仅要关注旅游者对价格的评价,还要分析其后续影响,及时进行价格调整。

拓展:旅游产品价格构成

(三)定价程序与价格管理

1. 定价目标

定价的目的只有一个,就是获利最大化。康养旅游产品的定价受企业的目标市场战略、企业的竞争情况、市场环境因素的影响,产品定价要服务于企业战略,短期目标要服务于长期目标。

2. 生存目标

如果市场产品供应过剩,竞争激烈,企业面临生存危机,就会把生存作为主要目标。相对于利润,企业首先要维持生存,只有做到盈亏平衡,才有继续发展的可能。

3. 利润最大化目标

当企业产品有较强的竞争力,康养旅游消费需求旺盛时,企业就要将需求转化为利润。此时,企业通过制定较高的价格,并通过扩大销售获取高额的利润。旅游旺季通过销售价格较高的热门产品获得高收益,弥补淡季的低收益。

4. 市场占有率目标

如果企业想取得较大的市场销量、具有较高的市场占有率，继而提高企业知名度，带动销量和销售额的全面提升，或者通过销量降低采购成本，一般应采取低价渗透策略。具备下述条件之一，企业可以通过低价来提高市场占有率：一是市场对价格比较敏感，价格降低使康养旅游需求迅速增长；二是成本会随着销量的增加而下降；三是低价能对竞争者形成有效阻隔。同时，低价还可以有效地提高市场进入门槛，排斥竞争对手。

康养旅游案例：
国内六大康养
小镇成功案例

5. 质量领先目标

康养旅游产品为在激烈的竞争中脱颖而出，认为理性成熟的康养旅游者认可与接受高价、高质的产品，便采取较高的定价，在产品设计与销售时采取质量领先的方法。其应具备以下条件：一是高价格足以弥补较低销量的损失；二是拥有一批较为成熟的康养旅游者；三是高价格的产品具有高质量的服务。

6. 定价程序

康养旅游产品最终要推向市场，需要考虑市场的接受程度。康养旅游产品定价时要根据定价目标选择合适的方法，进行三方面六个要素的分析，最终做出定价决策，这三方面六个要素是成本和财务分析（成本核算、财务分析）、消费和市场分析（确认消费者、细分市场分析）、竞争分析（确认竞争者、竞争分析），如图4-2所示。

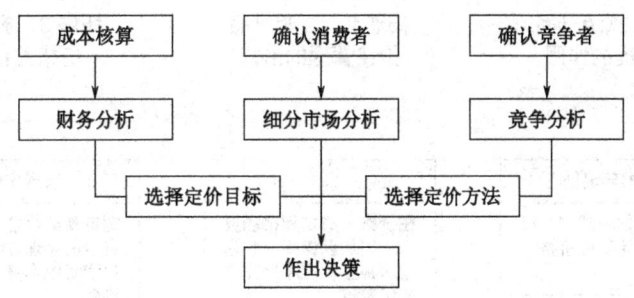

图4-2 康养旅游产品定价程序

（1）康养旅游产品成本

康养旅游产品的价格=成本+利润+税费。成本是直接而迅速的影响因素，是产品价格的底线，短期内由于服务于企业战略需要，产品价格可以低于成本价。但是从长期看，产品价格必须高于成本，否则企业便无法生存。康养旅游产品的最高价格取决于市场需求，而最低价格取决于产品成本。因此，设计产品定价时必须清楚计算其成本，并按照定价目标和定价方法给出一定的参考售价。

（2）康养旅游市场需求

康养旅游市场需求对产品定价有着重要影响。当需求旺盛时，处于卖方市场，产品就可以定较高的价格；当需求不足时，处于买方市场，高价格就没有竞争力。康养旅游市场需求受到价格、收入、政策、产品性质、替代品和对产品消费认知等多方面的影响。

（3）竞争者的产品和价格

根据竞争情况，市场可以分为完全竞争市场、完全垄断市场、寡头垄断市场和不完全垄断市场。康养旅游市场是一个接近完全竞争的市场，在行业中有大量的企业向康养旅游者提供大致相同的产品，其价格也都基本相同。企业向市场推出新产品时要了解竞争者产品的性价比。如果自身的产品具有较强的创新性、独特性、新颖性，则可以定高价，反之只能随行就市。同时，企业要注意及时调整价格或营销组合，以应对市场和竞争的变化。

7. 价格管理

制定出价格政策之后，需要验证价格政策的适用情况；政策应透明一致，使康养旅游产品能积极应对价格挑战。在政策实施过程中，管理人员应明确责任与主要工作，包括传达信息、获得销售队伍的认可、按重要性对旅游者进行排序，以及在政策生效后的一段时间内进行结果监测。此外，还应注意定价政策实施后产生的管理冲突（采购代理的反应）等，如图4-3所示。

图4-3 价格管理步骤

任务二 康养旅游产品的定价方法

任务导读

康养旅游产品价格是旅游消费最为敏感的因素,产品设计者和管理者要综合考虑成本、需求及竞争等多种情况,确定合理价格,既能提高产品质量,又能提高产品获利能力和企业竞争力。具体来说,康养旅游产品定价主要采用成本导向定价、需求导向定价和竞争导向定价三种方法。

拓展:旅游产品价格制定的机制

一、成本导向定价法

成本导向定价法是指以旅游产品的成本为主要依据的定价方法。康养旅游产品种类较多,由于各种产品的成本计算方法不同,以成本为基础的核算利润方法也不同,因此,成本导向定价法又可分为成本加成定价法、目标成本定价法、盈亏平衡定价法和边际贡献定价法。其中,成本加成定价法、目标成本定价法是企业在盈利点上的定价方法,盈亏平衡定价法是企业在保本点上的定价方法,边际贡献定价法是企业在亏损点上的定价方法。

(一)成本加成定价法

成本加成定价法是以单位成本加上一定比例的成本利润率来定价的方法,成本利润率是利润总额与成本总额的百分比。成本加成定价法是成本导向定价法的基本形式,也是最简单的定价方法。计算公式为:

$$P = c \times (1+r)$$

式中,P 为旅游产品单价;c 为产品的单位成本;r 为产品的成本利润率。

例如,某康养旅游产品(旅游线路)的单位成本为 800 元,成本利润率为 20%,则该产品的单价为:

单位价格=单位成本×(1+成本利润率)

=800×(1+20%)

=960(元)

成本加成定价法是以成本为主要考虑因素来制定价格的，其优点是计算简单、方便易行，有利于经济核算；如果所有企业都采用此方法定价，可以缓和企业间的价格战；因为以成本为基础，表面上对供需双方都比较公平。不足之处在于忽视了康养旅游产品的无形性，没有考虑康养旅游市场的其他因素，如竞争对手、消费趋势等，因此定价的主观性较强。

（二）目标成本定价法

目标成本定价法是以期望达到的目标成本为依据，并结合目标利润来定价的方法。这种定价方法建立在康养旅游产品长期目标、总体利益和市场竞争力的基础上，由于预期成本低于当前的实际成本，因此价格较有优势。计算公式为：

$$产品价格=目标成本\times(1+目标利润率)$$

采用此定价法时，目标成本的测算是关键。目标成本是用盈亏平衡分析的原理加以确定的。盈亏平衡点是总收入减去总成本与税费后不亏不赚的那一个销售点（量）。采用目标成本定价法，当前价格具有一定的优势，能保证企业按期收回投资，并获得预期利润。但是定价是依据预估的销量推算的，由于旅游行业的竞争性和脆弱性，预估的销量并不一定能够完成。因此企业应具有较强的产品生产、销售和管理能力，同时具有较强的上下游资源整合能力，对未来生产经营中主客观条件的变化具有较强的判断与应对能力。

（三）盈亏平衡定价法

盈亏平衡定价法又称保本定价法或收支平衡定价法，是指在销量既定的条件下，康养旅游产品的价格必须达到一定的水平才能做到盈亏平衡、收支相抵。低于此价格旅游企业会亏损，高于此价格旅游企业则有赢利，实际售价高出保本价格越多，旅游企业赢利越大。因此，盈亏平衡定价法常用作对旅游企业各种定价方案进行比较和选择的依据。计算公式为：

$$P=(F/Q+V)/(1-T_s)$$

式中，P 为旅游产品价格；F 为固定成本；Q 为预计销售量；V 为单位变动成本；T_s 为营业税率。

在这种方法中，既定的销量就是盈亏平衡点；前提是科学地预测销售量和已知固定成本、单位变动成本。

（四）边际贡献定价法

边际贡献定价法又称变动成本定价法，是以康养旅游产品的变动成本加上一定的边际贡献计算产品价格的方法。其实质是价格高于变动成本就可以销售。计算公式为：

$$单位产品价格=单位变动成本+边际贡献$$

即，边际贡献=单位产品价格-单位变动成本

边际贡献，就是单位产品销售收入减去变动成本后的余额。这个余额用于补偿固定成本费用，在达到盈亏平衡点之前，所有销售出去的产品获得的边际贡献的总额都用来补偿固定成本费用，此时虽然无盈利，但可以减少亏损。在达到盈亏平衡之后，也就是售价大于成本后，企业才实现盈利。

由于旅游市场竞争激烈，旅游淡旺季明显，淡季时需求明显不足，市场供大于求，如果此时仍然以总成本为基础定价出售，就难以被市场接受，销量不大，会造成人力资源的浪费，不仅不能补偿固定成本，连变动成本也无法收回。此时，可以采取边际贡献定价法，只要售价大于变动成本，就可以定价销售。因此在淡季，与其让人员闲置，不如采取低于总成本但高于变动成本的低价策略来扩大销售，这样不但可以减少固定成本的亏损，实现对固定成本的补偿，而且可以起到减少裁员、储备人才、维系顾客、不断创新的作用。

如某旅行社在淡季推出一日游包价康养旅游产品，市内交通费50元、餐费60元、导服费10元、门票30元、固定成本20元，共计170元。

由于处于淡季，如果按照170元难以销售，此时可以采取边际贡献定价法，只要售价大于150元，即可销售。

边际贡献定价法的优点是旅行社在市场不利的情况下仍可以维持一定的市场份额，并根据需求和季节的变化进行灵活的价格调整。但要防止陷入低价或者价格战的陷阱，甚至出现零负团费的现象。

二、需求导向定价法

需求导向定价法是以康养旅游市场上现实的消费者可以接受的价格为参考来确定产品价格的方法。采用需求导向定价法定价时，尽管仍要考虑康养旅游产品成本因素，但已不是定价的主要依据，康养旅游产品定价主要依据旅游者对产品价值的认可程度与市场的需求强度。同样成本的产品，消费者偏好，市场需求量大，价格就可以定得高些；相反，就应降低价格。

（一）理解价值定价法

理解价值定价法是以康养旅游者对康养旅游产品价值的理解和认可程度为依据来制定价格的方法。尽管每一种康养旅游产品实际价值的确定都有其客观的依据，但以此衡量出来的价值，不一定都为康养旅游者所认同。因此，康养旅游企业要正确把握康养旅游者的消费心理，分析其价值观，使制定出来的价格符合康养旅游者的判断。此外，康养旅游企业也要积极应用各种营销手段和方法，对康养旅游者施加影响，使康养旅游者对产品价值

的理解与企业保持一致，以便争取定价的主动性。

（二）区分需求定价法

区分需求定价法又称差别定价法，指同一康养旅游产品，康养旅游企业针对不同的康养旅游需求、时间、地点、收入等制定不同的康养旅游价格。具体如下。

1. 针对不同康养旅游者的差别定价

不同的康养旅游者背景不同、收入不同，消费水平也不相同，针对他们实施不同的产品价格，可以增加企业的销售量。通常低收入群体的消费能力弱，对价格敏感；高收入群体的支付能力强，更注重产品的质量、特色与内涵，价格敏感度较低。

2. 针对不同消费地点的差别定价

同一康养旅游产品，如果销售的地理位置不同，经营环境发生变化，产品的价格也可相应做出调整。例如，热点地区三星级旅游酒店，在制定客房售价时就可以高出冷点地区同星级酒店客房售价。

3. 针对不同需求时间的差别定价

在不同的时间和季节，对同一康养旅游产品制定不同的价格。

实行区分需求定价的基本条件：一是能够进行市场细分，不同市场之间有明显差异；二是细分市场之间无法相互流通，即旅游者不可能以低价买来旅行社产品倒卖给其他游客；三是在高价市场中用低价竞争的可能性不大；四是价格差异不会引起康养旅游者的反感和厌恶。

（三）反向定价法

反向定价法，又称可销价格倒推法，是指康养旅游产品设计者对市场需求、竞争情况及同行产品价格进行充分预测评估后，确定康养旅游者可以接受和理解的价格，然后调整产品的内容和成本的定价方法。采用反向定价法的关键是正确测定康养旅游者可接受的价格水平。测定的标准主要有康养旅游产品的市场供应情况、康养旅游产品的需求情况及旅游者对价格的敏感度、旅游者接受的价格水平、与同类产品的性价比等。这种定价方法考虑了同行的情况、旅游者的支付能力和支出意愿，具有较强的针对性。

三、竞争导向定价法

竞争导向定价法，是以康养旅游产品竞争对手的价格为制定同类产品价格主要依据的方法。

（一）随行就市定价法

随行就市定价法，即康养旅游产品价格与同行的产品价格水平保持一致的定价方法，也称随大溜定价法，主要应用于需求弹性较小或供求基本平衡的产品。在这种情况下，单个企业提高价格就会失去旅游者；而降低价格，需求和利润也不会增加。随行就市定价法可以避免过度竞争，减少市场风险，获得适度利润和市场份额。目前，在产品相近的情况下，康养旅游产品设计者大多采取随行就市定价法。

（二）竞争价格定价法

根据康养旅游产品的实际情况及与竞争对手产品的差异来确定价格的方法，这种方法一般为实力雄厚或产品独具特色的企业所采用。定价时，首先，将竞争产品价格与企业估算价格进行比较，分为高于、等于、低于三种价格层次；其次，将本产品的性能、质量、成本等与竞争产品进行比较，分析产生价格差异的原因；再次，根据以上综合指标确定本企业产品的特色、优势及市场地位，在此基础上，按定价所要达到的目标，确定产品价格；最后，跟踪竞争产品的价格变化，及时分析原因，相应调整本企业产品的价格。

案例：快上车！达州这辆开往春天的旅游巴士，载满了优惠

（三）投标竞争法

投标竞争法是根据招标方的规定和要求进行报价的方法。在康养旅游产品销售中，特别是在大客户市场，投标竞争是一种很普遍的方式。一般情况下，价格相对低的产品更有竞争力。

任务三
康养旅游产品的定价策略

任务导读

康养旅游产品的定价策略是指康养旅游产品设计者为达到企业的经营目标，在制定康养旅游产品价格时所采用的计策和谋略，需要根据康养旅游市场的具体情况，从定价目标出发，采用灵活适度的定价策略，才能适应千变万化的市场需要，实现企业的经营目标。

拓展：影响旅游产品价格形成的因素

一、新产品定价策略

（一）撇脂定价策略

撇脂定价策略指在产品生命周期的初期，为了迅速收回新产品投资成本并盈利而采取的一种高价策略。撇脂原指在鲜奶上撇取奶酪，含有取其精华之意，现指在新产品上市时制定高价。

撇脂定价策略应具备的条件：此类康养旅游产品应比以往同类产品有明显优势，或是独具特色并为康养旅游者所接受的新产品。短期内竞争对手不容易模仿或生产出与其性能相似的产品。目标市场对价格不太敏感，新产品需求价格弹性较小。

撇脂定价策略的优点：迅速收回投资、短时间内实现利润最大化；为以后降低价格留有很大的空间余地，稳定市场占有率；另外，高价会产生高质量的印象，有利于企业树立形象。

撇脂定价策略的缺点：高价可能引起康养旅游者的反感甚至抵触，从而影响销路；高价、高利会导致竞争者蜂拥而至，不利于较长期占领市场。因此，采用这种价格策略，必须明确产品定位，加强促销活动，确保康养旅游产品的质量。

（二）渗透定价策略

渗透定价策略指企业在推出康养旅游新产品时，在产品价格的可行范围内尽可能制定低价，因此又称为低价策略。这一策略的着眼点在于低价、薄利、多销，能使产品尽快地渗透市场，获取一定的市场份额，或尽早取得市场支配地位，防止竞争对手进入市场。

渗透定价策略应具备的条件：产品的市场规模较大，尤其是存在强大的潜在竞争；康养旅游者对产品的价格敏感度高，产品的需求价格弹性较大；企业人、财、物充分，能迅速提高产品的供给能力，大批量生产能显著降低产品成本。

渗透定价策略的优点：通过低价策略，可以迅速打开市场销路，增加销售量，扩大市场占有率，并能有效阻止竞争者进入市场。

渗透定价策略的缺点：由于产品定价很低，在短期内无法获得足够利润来弥补新产品开发和研制的费用，因此，生命周期短的产品不宜采用这一策略。此外，康养旅游产品定价低，易使康养旅游者怀疑产品质量，难以树立企业良好的社会形象。

（三）满意定价策略

满意定价策略指介于撇脂定价策略与渗透定价策略之间的中位定价策略，通常按行业平均利润与价格水平来制定价格。这种定价策略兼顾供求双方的利益，一方面会使企业有

稳定收入，另一方面又使康养旅游者满意。这种策略易于被广泛采用，但也有不足之处，由于产品的定价是被动地适应市场，而不是积极主动地参与市场竞争，所以难以使企业灵活地适应瞬息万变的市场情况。

二、心理定价策略

心理定价策略是在充分考虑康养旅游者不同的消费心理，特别是对不同产品价格的不同心理反应的基础上而采取的灵活的定价策略，其主要有以下五种。

（一）声望定价策略

声望定价策略指利用康养旅游者对产品品牌的信任感、荣誉感和满足感的心理所采取的一种定价方法。康养旅游者购买的不仅是产品，还有产品的附加值所带来的购买便利、优质服务和荣誉感等。一般来说，名牌产品特别是奢侈品故意把价格定得很高，就是利用了名牌产品所具有的财富、身份、地位、品位等象征意义，满足康养旅游者求名心理和炫耀心理。

真正优秀的康养旅游产品制定较高的价格，不仅不会影响销量，反而可以扩大销量。因为旅游产品具有无形性，看起来同样的线路，其内涵与品质存在较大的差异，成熟的康养旅游者已经开始意识到高价代表高质、低价代表低质，所以往往选择价格较高的产品。"价值决定价格，价格是价值的反映"是基本的经济学原理，聪明的旅游者已经学会依据价格选择旅行社产品，降低购买的风险。

（二）尾数定价策略

尾数定价策略指康养旅游产品设计者定价时有意保留产品价格的角、分尾数，制定一个不同于整数的价格，因此又称为非整数定价策略。例如，1元一件的产品可以定价为0.99元或0.98元，这种定价会使康养旅游者在心理感受上产生差异，一是会使旅游者认为这种价格是通过准确计算得来的，对价格产生信任感，感觉物有所值；二是会使旅游者认为0.99元是"角"的概念，而不是"元"，给旅游者一种价格低廉的感觉；三是可以满足旅游者购物图吉利的心理，根据不同民族或地区的人们对数字的喜好不同，可采用不同的尾数，如中国人喜欢价格以"6""8"数字结尾，美国人喜欢以"9"数字结尾等。

（三）整数定价策略

整数定价策略指企业有意将产品价格定为整数，以显示产品具有一定的质量。整数定价多用于价格较贵的产品，对于价格较贵的产品，康养旅游者一般更注重其产品质量，而不在乎角、分上的差异。此外，对那些产品成本难以具体计算的产品，更应以整数定价。

例如康养旅游景点的门票价格，就应以整数定价。

（四）习惯定价策略

习惯定价策略指某些康养旅游产品在长期的买卖过程中已经形成了为旅游者所默认和习惯的价格，对这类产品进行定价时，价格水平应该稳定在旅游者的默认值范围内。这种定价策略主要针对的是康养旅游者在购物上的心理惯性和心理倾向，适用于康养旅游需求弹性较大、经营时间较长、较稳定的产品。

（五）招徕定价策略

招徕定价策略指企业有意识地把一部分产品价格定得很低，其目的是通过这些低价产品吸引更多的康养旅游者前来购买，以便连带销售其他产品，从整体上提高企业的销售收入，增加盈利。这样即使部分产品不盈利甚至亏损，企业也可以从其他产品的价格和销量中得到补偿和盈利。

三、折扣定价策略

折扣定价策略指康养旅游产品的交易过程中，根据不同的交易方式、数量、时间、条件等，给予一定的折扣，由此来吸引个人或团体购买。折扣定价策略具体如下。

（一）季节折扣策略

季节折扣策略指康养旅游产品经营过程中，销售淡季时给予康养旅游者一定的价格折扣。如有些饭店不仅在康养旅游淡季时采用打折的降价策略，在周初、周末，当空房数量增多时，也灵活采用折扣策略，以吸引康养旅游者。使用季节折扣时要注意，折扣价格的最低优惠度一般不应低于康养旅游产品成本，尤其是变动成本。

（二）数量折扣策略

数量折扣策略指根据旅游者购买康养旅游产品的数量或金额来决定的所打折扣的幅度，购买的数量越大、金额越多，折扣率就越高，是鼓励康养旅游者大量购买与频繁购买的一种折扣策略。

（三）现金折扣策略

现金折扣策略，又称付款期限折扣，指企业对现金交易或按期付款的康养旅游者给予价格折扣。采用这种定价策略，目的是鼓励旅游者按时付款或提前付款，以便尽快收回资金，加速资金周转。给康养旅游者的现金折扣率一般要高于同期银行贷款利率。

四、阶段定价策略

阶段定价策略指根据康养旅游产品生命周期的不同阶段，即导入期、成长期、成熟期和衰退期，利用每个阶段产品的不同质量、成本和供求关系等对价格的影响和要求制定价格的策略。这种定价策略若运用得当，可扩大产品的销售，增强产品竞争力，延长产品的生命周期，为企业求得最大的经济利益。在产品导入期，价格策略主要有高价和低价；在产品成长期，将原来的高价和低价逐步转为正常价格；在产品的成熟期，如果产品的利润水平过高，可适当降低价格，以维持产品竞争力；在产品的衰退期，应着眼于最大限度地挖掘产品在生命周期最后阶段的经济效益，采用低价策略。根据具体情况，可分别采取维持价格和驱逐价格两种策略。

任务四 康养旅游产品的计价方法

任务导读

康养旅游产品的定价要综合考虑市场因素、竞争因素，从而确定产品定价的指导方向，服务于企业整体战略和经营管理目标。而对于单个产品的定价，通常采取成本加成定价法，即在直接成本的基础上加上一定的成本利润率。

一、康养旅游产品成本

成本是定价的基础，在康养旅游中，成本包括各项消费要素费用、综合服务费、附加费、固定成本等。

一是大交通费。大交通费指国际旅游交通和城际旅游交通费用，包括飞机、轮船、火车、汽车四种形式。国际交通一般是飞机，国内城际交通根据距离、时间、成本因素考虑采取合适的形式。一般10人以上可以申请团队机票，不足10人时可以散拼成团，申请一定的折扣。火车票和轮船票一般无优惠，但需要提前预订。

二是市内交通费。市内交通费指地接的接待用车费用。一般根据人数的多少和接待规格采用不同的车型。

三是住宿费用。根据康养旅游产品设计的不同标准，酒店等级会有差异。核算时根据协议价格计算。计算房价时，要注意房型，酒店一般是标间，即一个房间住两人，如有特殊要求，如一个人住一间（大床房），或出现单男、单女时，要补相应的房差。

四是餐费。餐费应根据数量及相应的单价进行计算。一般情况下，早餐费用包含在房费里，无须单独核算，导游落实接待时也无须预订和付费，客人凭餐券或房卡用餐。但在特殊情况下，如清晨到达时，要根据情况另行安排早餐。

五是门票。景区参观费用除了首道大门票，还有自主选择的观光车费用、观光索道费用、电梯费等。一般来说，团队游只包括首道大门票，其余费用由旅游自理。但是对于高品质的康养旅游，景区内的二次付费项目也应包含在产品价格内。

六是导服费。导服费包括领队、全陪、地陪和景区讲解员的服务费用。

七是保险。保险分为旅行社责任险和旅游意外险。旅行社责任险的投保人为旅行社，其作为成本一般计入固定成本。根据法律规定，旅游意外险由旅行社向游客说明，由游客自愿购买。但是在实际操作过程中，旅行社往往采取事先向游客说明，征得游客同意后代为购买的方式。因此，根据实际情况，旅游意外险一般作为要素费用直接计入成本。

八是固定成本。经营管理过程中产生的固定成本，包括物业租赁及物业费、工资、水电费、办公费、旅行社责任险及其他费用，需要以人均每天的成本计入价格。在实际运营时，一般采用简便的办法以"综合服务费"计入成本。

二、成本加成率

对旅行社产品来说，成本加成率一般以 10%~15%为基准。成本加成定价的优点是简便易行，在正常情况下按此方法定价可使企业获取预期盈利；缺点是仅从企业的角度考虑价格，固定成本的分摊难以准确和合理地体现出来。

实际测算时，普通观光产品的成本加成率低于 15%，短程康养旅游产品的成本加成率低于 10%，而对于主题性产品、度假性产品、特色产品和出境游产品，企业可以获得较高的溢价，成本加成率一般在 15%左右。

三、成本核算条件和测算表

（一）成本核算的基本条件

一是定线路：旅游行程是进行成本核算的基本依据。

二是定标准：接待标准决定产品要素的采购价格，无标准就无法核算成本，如餐饮标准（团餐还是风味餐）、酒店星级、交通座位标准等。

三是定日期：日期不同，价格不同，尤其是汽车、酒店、景点的价格随着淡旺季、周末和非周末而浮动。确定了日期，方可核算成本或成本区间。

四是定项目：根据产品线路的设计和康养旅游时空节点的安排，确定包含项目和推荐项目。在核算成本时，包含的项目一一计算好单价和总价，不可遗漏也不可多加。

五是定数量：其一，各个成本项的数量，如住宿天数、餐饮次数、交通数量等；其二，产品的销量或目标销量，其与采购成本相关，如游客人数不同，则汽车均摊费用不同。

（二）成本测算表

对于初学者来说，编制成本测算表有三个难点：一是容易混淆单价；二是对采购要素的成本价不清楚，因此可以按照5~7折进行合理的折扣计算成本价，在实际参与企业工作后，按照本企业与供应商的合同价格执行；三是在计算成本时容易漏项。

思政小课堂

完善旅游惠民服务 满足人民群众美好生活新期待

党的十九大报告指出，"中国特色社会主义进入新时代，我国社会主要矛盾已经转化为人民日益增长的美好生活需要和不平衡不充分的发展之间的矛盾"。旅游已成为人民美好生活的"新刚需"，旅游惠民服务受到各级党委、政府的高度重视，也成为中国共产党立党为公、执政为民，全心全意为人民服务根本宗旨的直接体现。

2022年5月19日是第十二个"中国旅游日"，以"美好中国，幸福旅程"为主题，文化和旅游部组织全国各地广泛联动，线上线下共同发力，推出了形式多样、内容丰富的旅游产品服务、推介展示活动和惠民政策措施，吸引广大人民群众开启美好旅程、领略大好河山、感悟文化之美。全国各地广泛联动、线上线下共同发力，进一步提振行业信心，助力文化和旅游市场发展。围绕"中国旅游日"，各地景区景点推出旅游惠民措施，吸引广大群众开启新的旅程、感悟文化之美。

在整个5月，全国文化和旅游系统广泛开展"中国旅游日"旅游惠民月活动，各地结合实际，推出包括发放文化和旅游消费券、旅游企业促销等在内的多种形式的旅游惠民措施。同时，文化和旅游部将开展"中国旅游日"四大宣传推广行动：一是"千号联动"自媒体推广行动，二是"万人直播"推广行动，三是"百万疆域"宣传推广行动，四是"亿万次触达"短信推广行动，提高"中国旅游日"的社会知晓度。

在新时代推进旅游惠民服务，要按照习近平总书记"让全体中国人都过上更好的日子"的指示要求，让广大人民群众在旅游惠民服务中，获得创新之惠、品质之惠、便捷之惠、价格之惠，使旅游休闲真正成为人民群众日常的生活方式和健康消费行为。

问题：完善旅游惠民活动，还要做好哪些工作？

思政小课堂
分析提示

项目思考

1. 康养旅游产品价格有哪些特征？受哪几个方面因素的影响？
2. 康养旅游产品定价有哪几种方法？
3. 简述康养旅游新产品定价的策略。
4. 分析康养旅游产品采取撇脂定价策略的优缺点。
5. 简述心理定价策略及其应用。
6. 康养旅游产品成本包括哪些？
7. 康养旅游产品成本核算的基本条件有哪些？核算成本时常犯哪些错误？

项目作业

"资源禀赋+区位独特+营商环境"：新疆昌吉回族自治州康养旅游优化策略

一、昌吉回族自治州康养旅游产品

新疆昌吉回族自治州，处于天山北麓，是丝绸之路的要塞，北邻沙漠盆地，南为天山山地，是西域汉文化传播最早、历史遗留最丰富的地区之一，闻名中外的北庭都护府遗址记录着汉唐人经营西域的功业。距离乌鲁木齐国际机场仅18公里，可谓乌鲁木齐的"后花园"，交通便利，周边的客源相对稳定。昌吉回族自治州在新疆内有着较高的知名度，在乌昌经济一体化的带动下，新疆内其他地区的客源数也在不断增加。"农家乐"经营模式也发展扩大到如今的"昌吉的杜氏旅游""昌吉的华兴悠游谷""昌吉的红河谷漂流"等。

二、昌吉回族自治州康养旅游价格策略

截至2021年9月，新疆天山天池风景名胜区（5A）成人票+区间车票合计155元；江布拉克国家森林公园（4A）门票40元，自驾车100元；五彩湾古海温泉成人票90元；五江温泉城成人票119元；新疆农业博览园成人票45元；玛纳斯国家湿地公园成人票+区间车合计25元。各个景区在不同程度上也实施了差别定价，特别是天山天池风景名胜区，设置了9种票价，分别有天池旺季成人票和车票、天池旺季（7~17岁）学生票和车票、天池旺季（65~69岁）老人票、天池区间车70岁以上老人半票、天池旺季18岁以上学生票和车票、天池阜康开放日票、天池记者票、天池军人票、天池一类残疾人票，并且在9种情况价格制定后又对淡旺季进行了差别定价。

三、昌吉回族自治州康养旅游营销渠道策略

通过营销渠道让康养旅游产品和消费者之间建立有效的连接，目前常采用线上和线下相结合的形式进行渠道推广。在门票销售方面，游客可以选择直接在景点购买或参加旅游团来购买，景区会和第三方销售平台合作完成线上售票，例如在美团、携程网、去哪儿网、西域游购买景区门票，游客可以提前做好攻略。但仍有一些景区未选择在第三方平台售票，原因主要是景区票价本身不高、景点主要面向昌吉回族自治州周边游客，游客可通过抖音、快手短视频平台获取该旅游景点的情况。

四、昌吉回族自治州康养旅游促销策略

昌吉回族自治州康养旅游促销主要依靠优惠的价格和优质的服务，从广告宣传、消费群体促销、节假日促销、淡季促销等方面完善促销。昌吉回族自治州康养旅游促销大致分为两个方面：一是政府方面对具有一定规模的旅行社进行补贴，多选择按照游客的人数来合计，或者由政府组织企业，双方在自愿的基础上参与专项的营销计划或者旅游展销会；二是各大景区在广告宣传上，宣传途径有传统传媒广告、新传媒广告，目前随着移动电子商务的兴起，广告媒体宣传主要以互联网广告为主，促销的形式有节假日、价格淡旺季促销，在促销内容上主要传达景区景色优美、空气清新、新疆的民族特色餐饮、风土人情等。

项目作业
分析提示

请根据所学知识为昌吉回族自治州康养旅游发展提供建议。

项目五

森林康养旅游产品设计

项目导航

在健康中国战略的引导及亚健康、老龄化社会趋势下，人们对自身健康的关注及维护意识明显增强。越来越多的人选择走进森林、净化身心，森林促进人体健康的功能越来越受到社会各界的广泛认可，相关的理论研究和建设实践不断丰富，对森林功能的利用已成为康养旅游发展的重要内容。

本项目系统地梳理森林康养旅游产品的相关内容，并分析森林康养旅游产品的设计策略与模式，"点"和"面"结合，为森林康养旅游产品设计提供思路。

学习要求

1. 掌握森林康养旅游产品的内涵及主要内容。
2. 掌握森林康养旅游产品的设计策略。
3. 掌握森林康养旅游产品的设计模式，创新性设计森林康养旅游产品主题与特色。
4. 能够分析不同森林康养旅游产品的特点和可行性，综合运用产品设计方法。
5. 培养知行合一、知物由学的职业素养。

森林康养旅游产品设计 项目五

思维导图

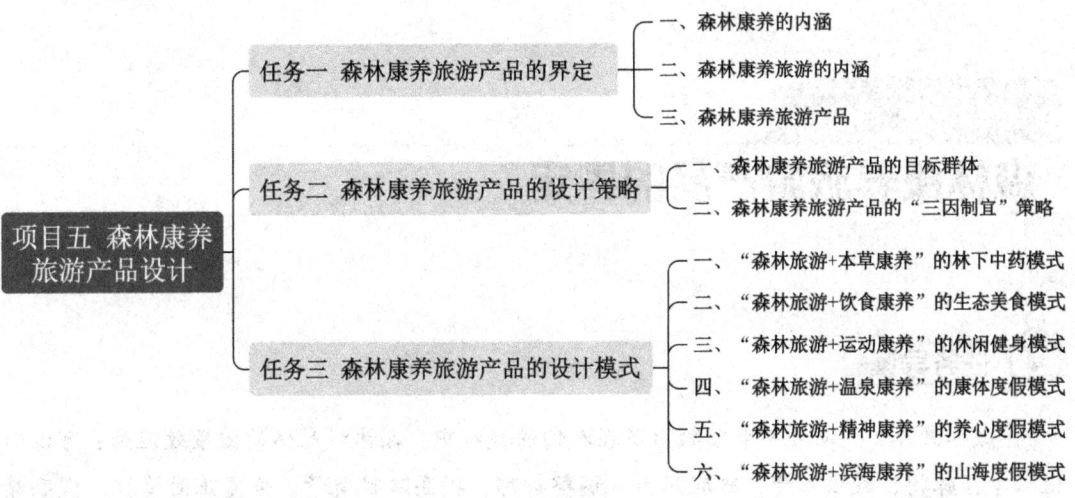

情境导入

山西太行洪谷康养旅游 在绿水青山中"清心养肺"

植被茂密、景色迷人、空气清新……走进位于山西省晋城市沁水县土沃乡南阳村的太行洪谷国家森林公园,"森林浴"令人心旷神怡。仙洞、望佛桥、神钲山、大岩扉交替出现,"十三潭""水帘洞""望佛桥"自然景观尽收眼底。

太行洪谷国家森林公园由太行洪谷、龙岗和山汕岩3个片区组成,2017年1月批复设立。总规划面积20.395 3平方千米,境内森林资源丰富,生物资源种类繁多,森林覆盖率达87.87%,是华北地区少有的集雄、壮、奇、秀于一体的山水景观。公园设立以来,沁水县和景区按照国家级森林公园"保护、科普、旅游"三大功能定位,重点发展"森林康养、徒步探险、自然教育"三大产业,通过观星、观景、康养、体验,打造"养眼、养心、养生、养老"的时尚太行洪谷森林旅游事业。

太行洪谷不仅有秀丽的自然山水,更有古老厚重的历史文化,因五代山水画大师荆浩隐居于此,并创作《匡庐图》而闻名。

太行洪谷国家森林公园地处太行、太岳、中条三大山系衔接处,复杂的地形地貌,构成了这里独特的地理环境,保留了山、崖、洞、峡、陉、泉、溪、瀑、潭、林等自然景观,近年来也一直备受户外爱好者的青睐,每年都会吸引大批省内外游客前来观光和徒步探险。为满足消费者需求,太行洪谷将森林游憩、户外体验、科普宣教引入森林康养建设体系,探索开展森林康养、徒步探险和自然研学教育,推进"康养+"融合发展。

2020年,太行洪谷森林公园被"国际暗夜协会"评为山西第一处中华暗夜星空保护基地。截至目前,太行洪谷已获得"国家级森林公园""中国森林氧吧""国家森林康养基地""研学实践教育基地"等称号。

任务一
森林康养旅游产品的界定

任务导读

"森林康养"一词近年来频频出现在人们的视线中,森林对人体的健康效应为:可以降低心率、脉搏,放松心情,减轻压力,调整抑郁,提高睡眠质量,恢复正面情绪,提高精神活力等,从产业经济学的角度出发,森林康养可以容纳养生、养老、旅游、度假、医疗等范围广泛的经济活动。

一、森林康养的内涵

2016年,国家林业局(现国家林业和草原局)印发了《林业发展"十三五"规划》,指出将"森林旅游休闲康养产业"作为林业工程建设重点,要求"大力发展森林康养和养老产业"。这是"森林康养"提法首次在林业重要文件中出现。

森林康养,从狭义来看仅仅是环境康养方法的一种,是将人置于森林环境中,利用森林中的有益人体健康的自然环境条件,避开不利于人体健康的自然环境条件,采取适宜的措施,以达到康养的方法,主要包括森林浴、森林行走等活动。而旅游是综合性行为,旅游产业的开发要求活动的丰富性和可延展性,因此森林康养如果要开发为旅游项目,必然要求森林康养概念的外延更广,在利用山地环境、享受森林资源的同时,主动开展运动、饮食、社交、茶饮、舞乐等多种康养活动方式,综合进行干预,预防疾病,保护人体健康,包容性更大,以适应旅游开发的要求。本书所梳理的森林康养概念不局限于环境康养的狭义概念,而是对森林康养的概念进行合理延伸,将森林康养视为在森林环境中进行的一系列康养活动,是以有益于人体健康的森林环境与资源为基础,辅以必要的康养保健设施,通过环境康养、行为康养、精神康养等方法,最终实现维护健康和幸福两大目的的一种综合康养方式,如图5-1所示。

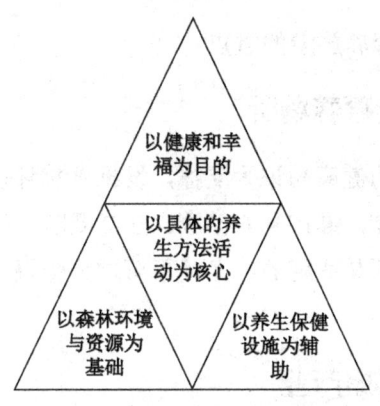

图 5-1　森林康养内涵示意图

二、森林康养旅游的内涵

我国森林康养旅游仍然处于初级阶段，当下学术研究领域对森林康养旅游的定义还未形成统一认识，它是随着城市化进程不断加快和亚健康人群不断增多而产生的，森林康养旅游是森林康养与旅游业相融合形成的一种新兴旅游形式，它可以满足人们的精神需求，贴近大自然、回到自然、享受大自然的滋养，可以减轻压力、缓解紧张、放松心情，对人们具有极强的吸引力。本书认为，森林康养旅游是借助森林生态资源、康养环境和康养功能，辅以康养医疗服务设施，促进人体身心和谐、愉悦的新型旅游形式，包括以修养身心、调适机能、健体养颜、养生养老为目的进行的休闲、疗养、森林游憩等活动。

案例：森林康养　乐享自然——浙江省级森林康养基地巡礼

其基本内涵如下。

（一）基于人的健康动机而展开的旅游活动

森林康养旅游是指人们以维护或改善健康状况为目的的旅游活动，应与那些无意识的，虽对健康有间接或客观帮助的旅游活动加以区分。如人们通过欣赏美景愉悦心情，对身体必定有益，但不能简单地将自然观光归为森林康养旅游；同理，自然体验、体育运动、文化

拓展：森林康养旅游概念的拓展

教育等也不应作为发展森林康养旅游的重点。

（二）促进人体健康的疗养场所

森林康养旅游应以科学的健康知识为支撑，发掘森林环境因子的康体保健作用，助力人们放松身心、调节身体机能，维持身心健康。在必要时，可以借助医疗、运动、膳食来实现健康的目的，但借助必须是适度的，尤其不可过分强调森林环境的医疗价值，不能将其作为代替现代医学的治疗手段。

（三）服务于大众的健康产业

大众健康产业是指维护健康、修复健康、促进健康的产品生产、服务提供及信息传播等活动的总和。森林康养旅游的建设发展以提供森林康养服务为中心，具有大众健康产业的服务属性，其服务主体是每一位游客，而不是专门针对疑难杂症人群。在实践中，可以与健康养老、休闲娱乐、康养体验等有机结合，但不能主次不分，误将森林康养旅游等同于医疗或养老产业。

三、森林康养旅游产品

森林康养旅游需要落实在具体产品上，本书以中医养生学理论中的养生方法为依据，结合现代森林康养的最新研究数据，整理出涵盖环境康养、行为康养、精神康养三大类别的 10 种具体的森林康养产品，包括森林浴康养、森林饮食康养、森林运动康养、森林温泉康养、针灸推拿康养、森林园艺康养、森林精神康养、森林芳香康养、森林音乐康养、森林五色康养，如图 5-2 所示。

拓展：森林康养旅游产品特征

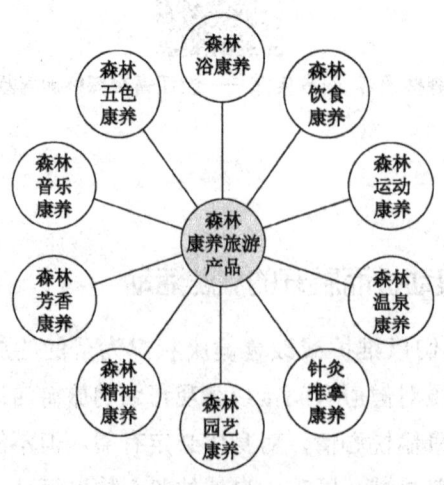

图 5-2　森林康养旅游产品图例

森林康养旅游产品设计 项目五

（一）森林浴康养

森林浴是利用森林环境中的新鲜空气、高浓度的负氧离子、森林温和的日光以及植物挥发的芳香物质来进行康养的方法。中医传统养生方法中有空气浴养生和日光浴养生，是一种在优美的自然环境下，裸露身躯直接接触新鲜清洁的空气和日光，配合呼吸吐纳来养生防病的方法。森林植被可以清洁空气，吸附废气等污染物，并释放新鲜的氧气。因此森林空气有清新洁净、无污染，负氧离子含量高、植物芳香挥发物含量高等特点。

（二）森林饮食康养

饮食康养是中医养生方法中最重要的组成部分，是指在中医理论指导下，根据食物的特性，合理地选择、加工、利用食物，从而达到滋养精气、平调阴阳、维护健康、延年益寿的方法。森林中有大量的绿色食品、中草药、康养保健食材，可以以此为原料，结合当地饮食文化特点，制作森林特色的康养美食。茶饮也是饮食中的重要组成，茶叶大多生长在生态优美的林业地区，高山生态茶尤其受到广泛欢迎。中医认为茶能生津止渴、明目利尿，健胃、解毒，现代医学认为茶可以降脂减肥、抗菌消炎、抗疲劳等，是药食两用之品。

（三）森林运动康养

中医认为的运动养生强调遵循生命的自然规律，疏通经络气血，提高脏腑功能，调养身心健康，提高生命质量，延年益寿。森林运动是根据森林的地形条件、气候特点开展的一系列运动。而且森林的健康因子能对机体起到修复和缓解病情的作用。目前我国各森林公园开发出很多运动形式，如林中漫步、登山、漂流、攀岩、滑雪、滑草、垂钓、划船、游泳、森林瑜伽、丛林越野、自行车越野等森林运动项目，其中很多运动项目具有较强的竞技性。

（四）森林温泉康养

温泉康养就是利用温泉资源进行以健体舒心为主题的康养系列活动，主要功效包括强身健体、延年益寿、美容护肤、舒筋活络、催眠镇痛。温泉康养历史悠久，很多森林地区都有丰富的温泉资源，可以开展森林温泉康养。在森林旅游中添加森林温泉康养的环节，可以有效地舒缓森林运动的疲劳。在具体操作时可以利用当地森林中的芳香植物制作沐浴的添加香包，开发出具有森林特色的温泉服务。森林温泉康养可以丰富森林康养的内容和方式，增加森林康养旅游的特色和优势。

（五）针灸推拿康养

人体健康的维护、疾病的发生与治疗都与人体经络有密切关系,历代学者的养生实践证明，针刺、艾灸、推拿、刮痧等针灸推拿养生方法各有所长、各有所宜。针灸推拿康养是森林康养旅游中非常适宜开展的康养方法，尤其是针对在森林中进行一天以上活动的游客。在森林旅游中经常会造成机体的劳累，如果可以适当地采取针灸推拿康养的方法，通过针灸、推拿、刮痧等手段缓解游客在过度运动中所造成的劳累，舒缓形体、放松心情，及时地帮助机体恢复。针灸推拿康养项目有助于森林康养的整体效果，是森林康养方法的重要组成部分。

（六）森林园艺康养

中医养生学中有通过培植花卉、驯养鸟兽宠物来达到使身心愉悦的方法，是一种高雅的养生方式，与现代社会流行的"园艺疗法"不谋而合。森林园艺康养，就是在森林环境中采摘森林中的植物，充分发挥想象力和艺术审美，对森林植物进行园艺的开发。园艺康养既可以增加白天的运动疲劳感从而促进晚上睡眠，养成良好作息，还可以消除人的不安心理及焦躁情绪，使人心态平和。在园艺活动中，人的运动机能会得到强化，同时五官四肢都要相互配合，是一种综合性的修身养性、延缓衰老的方式。

（七）森林精神康养

精神康养是中医养生学的重要组成部分，与现代的心理疗法有一定的相通之处。很多森林地区都保留着传统文化遗址，儒家强调克己复礼，禅修文化强调静坐止观，道教文化倡导"我命在我""贵生""养生"。森林康养可以结合中国传统文化中的各类养生文化开展相应的康养活动，如在森林地区开展禅修夏令营、道家养生短期班等文化康养活动，可以锻炼体魄、活动筋骨、陶冶性情、增长知识、启迪智慧，实现身心同调的康养目的。此外，森林环境是非常适合进行冥想的场所，通过对自己内心的深入认识，可以使人们获得更好的情绪控制能力，提高注意能力，进而改善身心健康状况。

（八）森林芳香康养

芳香康养是指通过内服和外用芳香物质来达到美容护肤、提高生命质量、延长寿命的康养方法。芳香本草有五大作用：饮食调味、美容、化妆、调适环境、陶冶情操。服务对象包括健康人群的保养、亚健康人群的防护以及部分疾病人群的治疗与康复，有调节内分泌、消除疲劳、缓解紧张等作用。在森林中开展芳香康养，首先，要对森林中的芳香植物、芳香本草进行资源筛查，进行科学评估和研究，如芳香物质在森林中的空气浓度，其具体的健康效应、适应的人群。其次，如果要着力发展芳香康养，还需要有针对性地进行植被补种，如专门开辟芳香植物林区，种植功效相对明确的芳香类中草药。最后，进行芳香康养产品的开发，如植物精油产品、本草香囊，并结合温泉康养，在温泉水中添加芳香类中草药，进行芳香精油推拿按摩等服务。

（九）森林音乐康养

音乐康养是中国传统养生方法，通过聆听音乐，使心情愉悦，调整心态，从而调和阴阳气血，改善脏腑机能，实现身心健康的一种养生方法。在森林中开展音乐康养，一方面可以充分利用森林环境的自然之声，在溪流瀑布或者虫鸟聚集的自然声音丰富的地方直接设计一些自然声音康养区域，引导游客进行聆听、冥想；另一方面可以将传统的五行音乐引入森林环境，在森林里安装音乐设备，设计一些音乐康养林，在不同的康养区域内播放不同类型的音乐。供游客在坐、卧、行、躺时聆听五行音乐，达到保健康养的效果。

（十）森林五色康养

五色是指青、赤、黄、白、黑五种颜色。中医五色理论最早源于《黄帝内经》，是五行学说的组成部分，认为五色配五脏，不同的颜色对应不同的脏腑功能，根据病人的体质病征选择相应的环境之色，如气虚阳虚的可以选择有兴奋作用的红色；而红色、黄色可以促进血液循环。森林中含有丰富的自然资源，有丰富的、天然的颜色品种，繁复的各种颜色的生态植被是进行色彩康养的理想资源。如血压偏低、情绪低落的人，可以在红色的枫叶林下漫步游憩。而患有心脑血管疾病的人可以用天然的绿色来舒缓心情，绿色还可以缓解眼睛疲劳，保护视力。通过专业康养人员的指导，根据游客的身体状况来选择合适的色彩康养区域，引导其进入不同的色彩康养区域进行森林漫步、游览等活动，达到森林五色康养的目的。

森林康养旅游产品及具体项目举例见表 5-1。

表 5-1　森林康养旅游产品及具体项目举例

康养产品	具体项目举例
森林浴康养	空气浴、日光浴
森林饮食康养	森林绿色食品、森林药膳、森林品茶、森林饮品
森林运动康养	森林漫步、森林越野、森林瑜伽、传统康养功法
森林温泉康养	温泉沐浴、芳香药浴
针灸推拿康养	推拿、艾灸、刮痧、足疗
森林园艺康养	森林插花、森林采摘、中药炮制、茶叶制作
森林精神康养	禅修体验、森林冥想、解压释放林
森林芳香康养	芳香植物园、香道体验
森林音乐康养	五行音乐康养林、自然之声
森林五色康养	五色植物园

案例：森林康养——看德国是如何打造全球著名的康养基地"黑森林"

思政小课堂

森林康养"逐绿"奋进　人民尽享生态"底色"

森林康养作为森林生态和服务价值的一种新发现，完美诠释着优良生态环境带来的巨大发展优势，提供更好、更丰富的优质生态产品，满足人民日益增长的美好生活需要，让人们在绿水青山中共享自然之美、生命之美、生活之美。

党的十八大以来，随着生态文明建设、大规模国土绿化行动深入推进，绿水青山"颜值"更高，中华大地"气质"更佳，人们更向往在优美的生态环境中体验自然、享受生活，森林康养应运而生。

2016年，国家林业局（现国家林业和草原局）印发的《林业发展"十三五"规划》中明确提出，要大力发展森林康养，到2020年，森林康养和养老基地数量达到500处，森林康养国际合作示范基地5~10个，由此推动森林康养产业步入快速发展阶段。

党的十九大以来，连续几年中央一号文件等一系列重要文件对发展森林康养提出了明确要求，为产业发展指明了方向，创造了良好环境。国家林业和草原局、民政部、国家卫生健康委员会、国家中医药管理局联合发布了《关于促进森林康养产业发展的意见》，要求持续高位支持森林康养发展。2022年，《林草产业发展规划（2021—2025年）》提出，到2025年，森林康养服务总人数超过6亿人次。随着理论体系日趋健全、实践发展日渐成熟，森林康养将民生福祉与生态文明建设、经济社会高质量发展有机衔接，深入践行绿水青山就是金山银山理念，成为我国森林生态价值实现的新路径、服务国家战略的新业态。

在绿水青山就是金山银山理念的发源地浙江，2021年全省森林康养产值2 348亿元，市值100亿元以上的企业有9个，重点地区农户增收近一半来自森林康养产业。森林康养已成为浙江林业第一大产业、践行"两山"理念的生动范例。

从浙江到全国，各地森林康养发展实践如雨后春笋般蓬勃展开，向社会提供了多层次、多种类、高质量的森林康养服务，一些森林康养基地相继建成投产、实现效益。截至目前，我国共有96个国家森林康养基地、1 321个国家级森林康养试点建设基地，覆盖全国30个省（区、市）。

森林康养是健康产业最为有效的承载主体。在人口老龄化和亚健康化的大背景下，森林康养充分发掘了自然之力，减缓人迈向衰老、阻止迈向医院之步伐。它的亚健康疗愈、活力老年人健康养老、壮年人拓训健身、青少年自然教育和陶冶等方式深受广大民众喜爱。

在最新修订的《国家职业分类大典（2022年版）》公示名单中，森林康养师列入其中；300余名国内首批初级森林康养师完成课程内容学习，投入森林康养服务。这背后是对生态环境促进人类健康的认可，也是公众对森林提供的健康养生优质生态产品需求增加的印证,更是对森林康养发展实践的肯定。

实践证明,10多年来我国森林康养科学合理利用林草资源,提供丰富优质生态产品,成为健康中国、乡村振兴等国家战略的重要内容,让群众共享生态红利,过上更健康、更幸福、更有获得感的高品质生活。

问题:如何理解森林康养是践行"两山"理念的生动范例?

思政小课堂
分析提示

任务二
森林康养旅游产品的设计策略

任务导读

在森林康养旅游开发过程中,产品是核心所在。森林康养旅游产品不仅要强调森林环境因素对康养群体的作用,更要突出以有益人体健康的森林环境与资源为基础,辅以必要的康养保健设施,通过环境养生、行为养生、精神养生等方法,最终实现维护健康和幸福两大目的的一种综合康养方式。

一、森林康养旅游产品的目标群体

随着旅游活动内容的丰富,社会的需求也呈现越来越多元的态势。正确把握森林康养旅游的目标群体,是产品开发成功的重要因素。森林康养旅游有别于医疗旅游,作为汇集了康养、旅游、休闲、娱乐等活动的旅游形式,其产品面向的目标群体仍以身体健康或亚健康的消费者为主。据研究,在对森林康养旅游消费期望调查中,排在前三位的分别是放松心情、锻炼身体、亚健康调理。其中选择放松心情的人超过了八成,选择锻炼身体的人也超过了六成,选择亚健康调理的人超过了五成。说明康养是森林旅游的一个新兴分支,消费者对森林康养旅游的期望主要是心情的放松和身体的锻炼,同时也希望能够在森林中实现亚健康调理的目的。

森林康养旅游产品需要有康养特色,但并不意味着必须有医疗的内容,这与医疗旅游主要面向疾病群体有着很大的不同,需要在进行旅游产品设计时有所区分。在目前的开发阶段,鉴于产品消费者仍以健康人群为主,以及市场对森林康养旅游的了解程度、认可程度有限，专业要求过高的医疗服务暂不适合纳入产品项目，未来当社会大众对森林康养旅游的认可度达到一定程度时，再逐步扩大森林康养旅游产品的设计范围，将医疗内容作为产业的未来延伸，这样才可以实现稳步发展。

拓展1：森林运动康养旅游　　拓展2：森林体验康养旅游　　拓展3：森林医疗康养旅游

二、森林康养旅游产品的"三因制宜"策略

进行森林康养旅游产品设计时，"天人相应，三因制宜"是最基本也是纲领性的原则，产品要体现人与自然和谐相处，做到因时、因地、因人制宜。在"三因制宜"的基础上，要注意"扶正避邪，预防为主"，并将运动康养和精神康养相结合，"动静互涵，身心同调"，同时引导游客进行全方位的森林康养项目，将其形成生活习惯，做到"综合调养，持之以恒"。

（一）因时制宜

森林康养旅游产品是基于森林自然环境这一基础设计的。自然环境会随着季节时令的改变而发生变化，自然界四时气候的变化又极大地影响着人体的健康。人与自然是一个统一的整体，自然界寒来暑往、月圆月缺、昼夜更替的变化对人体的生理病理都会产生相应的影响，而养生防病要遵从自然规律。因此，森林康养旅游产品设计应随四季的变化进行调整。明代医学家张景岳说过："春应肝而养生，夏应心而养长，长夏应脾而养化，秋应肺而养收，冬应肾而养藏。"也就是遵循自然界生长收藏的变化规律。

"春三月，此谓发陈，天地俱生，万物以荣，夜卧早起，广步于庭，被发缓形，以使志生，生而勿杀，予而勿夺，赏而勿罚，此春气之应，养生之道也。"（《黄帝内经·素问》）春季的森林康养旅游产品应该顺应万物复苏、阳气生发、木气条达的"生"的自然规律，以疏肝解郁、生发阳气为主题开展项目。可以在温度适宜、阳光温暖的时间段选择日光浴，温煦阳气。可采用桂皮、丁香等辛香发散之品进行芳香康养。在饮食上，肝旺于春，肝木太过则会克土影响脾胃功能，而入肝的酸味收敛不利于阳气生发和肝气疏泄，因此"当春之时，其饮食之味宜减酸增甘"（《寿亲养老新书·春气摄养》），应该提供更多的甘味康养食品，也可适度使用一些辛味发散之品以助春阳。在运动上，春天有助于吐故纳新，促进气血运行，在森林自然环境中开展各项户外运动，森林漫步、森林越野、森林瑜伽、传统养生功法等都是比较好的运动形式。此季节应该以疏肝解郁为主，进行适当的解压释放，舒畅气机。

"夏三月，此谓蕃秀，天地气交，万物华实，夜卧早起，无厌于日，使志无怒使华英成秀，使气得泄，若所爱在外，此夏气之应，养长之道也。"（《黄帝内经·素问》）夏季的森林康养旅游产品应该顺应万物繁荣、阳气旺盛的"长"的自然规律，以养护阳气为主题开展项目。夏季森林中的体感温度相对较低，比较凉爽舒适，可以进行空气浴康养。在饮食上，心旺于夏，心火太过则会克肺金，饮食上宜清心泻火，适当使用清热解暑食品，但是也切忌贪凉，不可过食生冷瓜果。在森林康养旅游产品中，夏季饮食应该以清淡、少油腻、易消化为原则，适当加以辛热之品开胃助消化，鼓舞阳气。在运动上，夏季多暑热，易耗气伤阴，最好选择在清晨凉爽的时间段进行运动，开展森林漫步、森林瑜伽以及太极拳、八段锦等养生功法。夏季湿热，容易使人心情烦躁，多开展森林瑜伽、森林冥想等活动，可以清心除烦。

"秋三月，此谓容平。天气以急，地气以明，早卧早起，与鸡俱兴，使志安宁，以缓秋刑，收敛神气，使秋气平，无外其志，使肺气清，此秋气之应，养收之道也。"《黄帝内经·素问》秋季的森林康养旅游产品应该顺应阳消阴长、万物初敛的"收"的自然规律，以养护肺气为主题开展项目。秋季由热转凉，早晚温度降低，在进行森林浴等项目时应注意穿衣的控制，避免过汗，也避免受凉，防止邪气伤肺。在饮食上，肺旺于秋，酸味收敛，可食用酸味收敛补肺，而辛味发散泻肺，秋季不宜多食。此外，秋季还应注意燥邪伤肺，在饮食上注意滋阴润燥，可多食用枇杷、蜂蜜、百合等清补润燥之品。秋季是外出锻炼的好时期，运动康养项目可以适当增多，可以选择森林漫步、森林瑜伽以及太极拳、八段锦等养生功法。秋季容易使人感伤多悲，可以通过户外运动、森林园艺等活动转移注意力，愉悦心情。

"冬三月，此谓闭藏。水冰地坼，无扰乎阳，早卧晚起，必待日光，使志若伏若匿，若有私意，若已有得，去寒就温，无泄皮肤，使气亟夺，此冬气之应，养藏之道也。"（《黄帝内经·素问》）冬季的森林康养旅游应该顺应万物收藏、阴盛阳潜的"藏"的自然规律，以避寒就暖、护阳藏精为主题开展项目。冬季早晚温度较低，如果开展森林浴康养，适合在正午前后阳光充足、气温回升的时间段开展。在饮食上，冬季应当遵守"秋冬养阴""无扰乎阳"的原则，适宜采用滋阴潜阳、热量较高的饮食，如羊肉、鸡肉、龟肉等，但也不能一味进补，防止郁而化热。此外，"冬日肾水味咸，恐水克火"（《四时调摄笺》），所以在冬季也应不能过咸以免损伤心气。在运动上，冬季虽然寒冷，但也要结合自身实际情况开展一些户外运动，最好选择在阳光充足、温度较高的时间段进行森林漫步、森林瑜伽、太极拳、八段锦等舒缓的运动，避免运动过量，损耗阳气。冬季闭藏，不宜有过大的心情变化，适宜开展文化类康养项目，养心安神，清净为要。

（二）因地制宜

《黄帝内经·素问·异法方宜论》将我国分为东、南、西、北、中央五方，五方在地理特点、气候、人文风俗等方面存在极大差异，也影响了人体的生理健康。

森林地区由于地形、地貌、植被不同，适宜开展的森林康养旅游产品也有所不同。山区森林生态保护情况较好的地区，多出产特色本草，在康养时可以突出本草养生的项目，开展森林药膳等；山区当地地形复杂，可以开发森林越野等刺激性、娱乐性强的森林运动，主要面向年轻游客；在具备温泉地热资源的地区，还可以将森林与温泉相结合，突出温泉康养产品的优势；滨海地区气候温和、雨量充足、光照充足，具备丰富的海洋物产资源，因此可结合森林和海洋两种资源，开展森林浴、日光浴、沙滩浴，但在实施过程中应该注意选择日光温和的时间，注意防晒，避免晒伤；主要分布在城市内外的国家公园、旅游景区中的森林区域，植被观赏性强，人流量较大，可以开展休闲运动类项目，也可结合当地特色旅游文化资源开展精神文化类康养项目，注重项目的娱乐性。

当然，并不是所有的森林地区都适合开发森林康养旅游，需要对其资源条件进行专业评估。经评估适宜开展森林康养的地区，仍应适当对森林康养的作用因素进行优化。如对现有的植物种类进行筛选，选出具有康养保健功效的植物，根据其功效开展相对应的森林康养活动。也有必要根据实际需要，在森林中补种新的植被，一方面增加彩叶、芳香、观花、观果等植物，增加观赏性和趣味性；另一方面增加具有康养功效的植物，可根据保健功效的不同划分不同的区域，开展不同的康养功能区，开展更加丰富的森林康养项目。

案例：中国康养旅游第一县：洪雅·峨眉半山七里坪森林康养旅游度假区

（三）因人制宜

森林康养旅游产品面向的是普通的旅游消费群体，目前在开发时更多地注重产品和服务的普适性。如果森林康养旅游需要进一步深化发展，走向精细化、个性化，那么就需要对广大消费群体再进行细分。森林康养旅游产品面向的是健康和亚健康群体，现代中医常用的分类为九种体质分类法，把人体分为平和质、气虚质、阴虚质、阳虚质、痰湿质、湿热质、血瘀质、气郁质、特禀质九种。平和质阴阳气血调和、体健心康，康养应根据自身年龄、职业等因素来开展，这里不再赘述。其他体质人群在森林康养旅游中要点如下。

气虚体质：元气不足，以神疲乏力、气短自汗为主要表现，养生宜补益脾肺，升阳举陷。森林康养旅游产品可以多进行日光浴生发阳气。适宜进行一些舒缓运动，避免剧烈运动耗气。在饮食上选择性味平和偏温补的食材，如粳米、山药、牛肉等。气虚之人往往精力不佳、情绪不高，经常参加森林养生旅游进行群体活动，开展交流沟通可以帮助振奋精神，保持乐观的生活态度。

阳虚体质：阳气不足，以畏寒怕冷、手足不温等虚寒症状为主要表现，养生宜温补脾肾。阳虚之人需要注意培补阳气，多进行日光浴。"动则生阳"，阳虚体质的人适合开展各种森林康养运动，但不能过量，以免大汗伤阳。在饮食上适合食用甘温之品，如羊肉、鹿肉、龙眼、生姜等助阳之品，不可过食生冷，防止寒伤脾胃，湿冷凝结，更伤阳气。阳气不足的人常情绪不佳、低落，在森林中可以多听热烈喜庆的音乐，参加较为欢快的集体活动，以此鼓舞阳气、振奋精神，消除不良情绪。

阴虚体质：阴液亏少，以口燥咽干、手足心热等虚热症状为主要表现，养生宜滋阴降火，镇静安神。阴虚者畏热喜凉，森林环境是绝佳的选择，可在凉爽的森林气候中进行森林浴以及其他各项舒缓运动，这样可以清心除烦。在饮食上多食用蜂蜜、豆腐、鱼、蔬菜等清淡之品和银耳、水鸭、石斛等滋阴食材，少食用辛燥食物。在精神上可通过品茶、园艺、聆听舒缓音乐或自然花鸟虫鸣，培养自己冷静沉着的心态，减少心烦易怒等情绪。

痰湿体质：痰湿凝聚，以形体肥胖、腹部肥满、口黏苔腻等痰湿症状为主要表现，养生宜健脾利湿，化痰降浊。痰湿体质多体型肥胖，因此需要长期坚持运动锻炼，在森林优美的环境中，在享受日光浴的同时进行森林散步、越野、骑行、太极拳、八段锦等运动，可以活动筋骨，鼓舞阳气，运脾化湿。在饮食上可以食用薏苡仁、赤小豆、枇杷、白菜等健脾利湿、化痰降浊的食材，减少肉类等肥甘厚味之品。

湿热体质：湿热内蕴，以面垢油光、口苦、苔黄腻等湿热症状为主要表现，养生宜清热化湿。湿热之人应该积极参加锻炼，开展森林康养运动如森林越野、森林骑行等，大量出汗可以使湿热邪气有外泄的途径，在森林运动时应该避免森林雾气较大的天气，防止外湿侵害人体，与体内湿邪共同为患。在饮食上以清热利湿为主，选择薏苡仁、赤小豆、绿豆等肥甘厚味、减少辛燥食品的摄入，需要忌酒。

血瘀体质：血行不畅，以肤色晦暗、舌质紫暗等血瘀症状为主要表现，养生宜活血化瘀。气血贵流通，血瘀体质的人需要坚持运动，森林运动中的八段锦、太极拳、森林漫步都可以促进气血流通，达到活血化瘀的目的。在饮食上可食用桃仁、油菜、黑豆、山楂、月季、玫瑰等活血化瘀食材。有条件的还可以进行温泉康养，使用活血化瘀的芳香精油进行沐浴和按摩，如玫瑰精油、桃仁精油等。在精神上也需要培养积极乐观的心态，精神愉快则气血和畅，有助于血瘀体质的改善。

气郁体质：气机郁滞，以神情抑郁、忧虑脆弱等气郁症状为主要表现，养生宜疏肝理气，调畅气机。森林康养旅游产品可以设计为森林漫步、森林越野等。进行森林浴时可以聆听自然声音或者欢快乐曲，欣赏缤纷多彩的植物，参加森林园艺康养，通过插花、采摘、手工制作等项目，通过交流分享放松身心，改善抑郁的心情。在饮食上可以多食用陈皮、佛手、香橼、橙子等行气的食品，也可选择玫瑰花茶、佛手花茶等疏肝理气的茶饮。

特禀体质：先天失常，以生理缺陷、过敏反应等为主要表现，宜益气固表，养血消风。特禀体质的人容易发生过敏反应，如果过敏原是森林中的花粉、植物分泌物等户外自然界物质，那么此类人群不适宜参加森林康养旅游的项目，以防产生严重的过敏反应，发生意外。

任务三
森林康养旅游产品的设计模式

任务导读

本任务以森林康养理论为内容指导，以旅游开发的一般理论为框架指导，提出复合式的森林康养旅游产品设计模式，并介绍每种模式的特点、适宜条件以及产业延伸的路径等内容。需要说明的是，各种模式并不是完全独立的，而是结合实际的康养资源情况和市场需求，以特色森林康养内容为主题形成特色，并适当搭配其他的森林康养项目。

案例1：山巍、林郁、水幽一份"丽水山景"秘境森林康养路集来啦

案例2：三天两夜森林康养游，养在"天然氧吧"大明山

案例3：森林康养旅游，体验原生态美

案例4："森林康养+"绵阳风景独好

一、"森林旅游+本草康养"的林下中药模式

"森林旅游+本草康养"的林下中药模式以林地资源为基础，在森林乔木植被下种植中草药代替林下的灌木、草木层，形成"林+药"的立体种植。林下中药种植是一种较好的仿野生种植方式，虽然比大规模田地种植的产量要小，但是林下中药的药材质量占优势。森林旅游和林下中药种植相结合，开发出森林本草康养主题的旅游产品，在不破坏森林生态环境资源的前提下，可以充分利用森林的生态环境资源，为森林康养旅游提供重要的本草康养资源，既保护了当地物种的多样性，生态意义重大，又拓展了林业经济增长点，实现经济效益。"森林旅游+本草康养"的林下中药模式，以第一产业种植业为出发点，延伸发展或配合周边，辐射中药材加工、保健品生产等第二产业制造业，以及以第一产业林下种植业为基础的第三产业，如森林旅游、康养保健服务等，逐步形成为跨越三次产业的森林康养旅游产业链。

二、"森林旅游+饮食康养"的生态美食模式

"森林旅游+饮食康养"的生态美食模式是以森林生态康养美食为特色的森林康养旅游模式。在森林中开展饮食康养可以就近取材、就地取材，将森林中的纯天然、无污染、生态有机的种植、养殖食材作为原料，辅以森林中的名贵中药材，结合当地饮食文化特色，制作具有养生功效的森林美食。主要提供美食旅游产品，开发"森林康养美食"主题游，让游客在环境优美的森林环境中"吃森林美食、赏森林美景"，再辅以其他森林旅游活动。此模式对森林中的食材资源要求较高，需要一定的林地面积来开展森林食材的林下种植、养殖项目，城市中及距离太近的森林公园一般用地比较紧张，并不适合此类模式的开发，而偏远地区又常常因为交通闭塞而影响客流，所以此类模式对交通区位的要求也比较高，距离城市有一定的距离，用地面积较大，又不能太远。

"森林旅游+饮食康养"的生态美食模式，其产业发展的路径是以"两头"带中间，以地方特色餐饮旅游服务为切入点，充分挖掘森林美食资源开展的森林康养旅游，主打"美食"牌，满足现代人对美食的追求。与此同时，着力发展康养食材的种植、养殖产业，因为生态美食模式非常注重森林康养食材的生态、有机特性，本地生态种植、养殖食材是其核心竞争力，对食品安全卫生也具有相当高的要求。对于此类森林康养旅游模式，其他地区也可根据市场需求进行合理开发，注意凸显当地独特的饮食康养文化，避免产品和服务同质化竞争。

三、"森林旅游+运动康养"的休闲健身模式

"森林旅游+运动康养"的休闲健身模式是以森林运动为主题的森林康养旅游模式，是比较容易开展的森林康养旅游模式之一。在森林优越的自然生态环境中，开展林中漫步、森林浴、登山、漂流、攀岩、滑雪、滑草、垂钓、划船、游泳、溯溪、森林瑜伽、丛林越野、自行车越野等森林运动项目，在运动中一边享受森林中负氧离子、植物精气的健康效应，一边通过运动锻炼体格、放松身心。此外，森林运动注重团体合作，通过社交可以增进人与人之间的交流，培养良好的心态，是促进身心健康的康养方式。此模式不仅要求森林覆盖率高，空气清新，负氧离子含量高，环境幽雅，更要求有足够的客源流量，既能满足游客对环境质量的要求，又能实现娱乐休闲的目的，从而获得经济效益。

"森林旅游+运动康养"的休闲健身模式，是以旅游业为载体，结合当地的地形地貌、资源条件，围绕旅游的六要素"吃、住、行、游、购、娱"植入森林康养的要素，吃森林绿色养生食品、住森林养生宾馆、漫步森林养生步道、购买森林养生旅游产品，为游客打造一种全方位的森林康养生活方式，如在森林峡谷中开展森林探险，在林间溪流中开展森林溯溪、森林漂流等运动项目，在地势平坦的地方开展森林瑜伽等活动项目，并以此为主线，逐渐增加食、住、行、游、购、娱各个要素的森林康养特色，重在休闲健身、放松身心。在经济发展水平较高、客流量较大的城市森林公园、林场等地可以参照此类模式进行森林康养旅游项目的开发。

四、"森林旅游+温泉康养"的康体度假模式

"森林旅游+温泉康养"的康体度假模式是将森林生态环境和温泉康养相结合的一种康养旅游模式。部分森林地区发现有温泉地热资源，应该充分利用和开发，将森林旅游和温泉康养结合在一起，开发康体度假的森林康养旅游。让游客在优美舒适、鸟语花香的自然生态环境中进行温泉康养泡浴，享受身心的放松。此模式要求森林地区有温泉资源，只有温泉资源的森林地区才能够开发"森林旅游+温泉康养"的康体度假模式，面向的消费群体不局限于当地游客，更多的是来自经济发达城市和地区的中远行程的度假群体，一般消费能力较强，对康养旅游地的自然生态环境、康养配套设施及康养服务的质量要求更高，对交通便利性要求也比较高。

案例："森林+温泉"开启康养旅游新方式

"森林旅游+温泉康养"的康体度假模式以温泉康养为主、森林康养为辅，重在休闲健身，放松身心，在泡温泉之余，延伸到森林浴康养、饮食康养、森林运动康养、精神康养

等保健服务项目，加大对配套服务设施的投入和建设力度，以旅游度假为带动，不仅为个人家庭提供森林康养旅游服务，也逐渐为各种素质拓展、商务会议、专业年会等经济形式提供服务支撑，重点打造在森林生态环境中的全方位的康体度假服务体系。有温泉资源的森林地区可以参照此类模式进行森林康养旅游项目的开发。

五、"森林旅游+精神康养"的养心度假模式

"森林旅游+精神康养"的养心度假模式，是将森林中常见的当地传统康养文化与森林旅游结合在一起的康养旅游模式。很多森林地区都有传统文化遗址遗迹，尤其以远离尘世喧嚣的佛教寺庙、道教道观等建筑群体为多。佛教的禅修、道教的养生各成体系，但都强调修心养性，追求内心的平静，这是现代人渴望实现的养生境界，因此此类服务也具备一定的市场需求。此类模式需要森林地区有深厚的传统历史文化底蕴，有代表遗迹遗址、代表人物资源最佳。因为此类服务的私密性、个体性、心灵性特征较为显著，不适宜一次性大规模客流量的涌入，以少量多次、会员预订的形式开展较为合适，主要进行传统文化的体验，辅助开展其他性质相似的森林康养活动，如森林瑜伽、森林冥想、森林漫步等温养心类项目。

"森林旅游+精神康养"的养心度假模式主要以文化产业为核心来带动当地的旅游经济和服务经济。以文化养生，如禅修养生、道教养生为主题，在森林环境中开展禅修文化体验、道教文化体验、抄经、诵佛、绿色饮食、森林瑜伽、森林冥想等以养心为主的服务项目，重在修心养性，远离城市喧嚣。具有此类传统文化资源的森林地区可以参照此类模式进行森林康养旅游项目的开发。

拓展：森林康养产业与森林生态旅游产业的相关性研究

六、"森林旅游+滨海康养"的山海度假模式

"森林旅游+滨海康养"的山海度假模式，是将森林康养和滨海康养相结合的康养旅游模式。此模式要求山林资源和海洋资源并存，这样的资源条件稀有而珍贵，如果进行合理开发，可以吸引大量的游客。此种模式山海相依，能够让游客的视野更加广阔，同时山海两种动植物的并存，生态丰富，观赏性高、体验效果好。此外，通过森林浴加沙滩浴、森林攀爬加沙滩冲浪、森林冥想加海洋潜水，以及住山海主题酒店、游山海风情路线、吃山珍海味美食、享受养生保健服务、漫步山海长廊，让游客感受森林海洋文化，体验森林和海上两种风情，为游客提供一个全方位的山海旅游产品线，一动一静、动静互涵，双向调节游客的身心健康。"森林旅游+滨海康养"的山海度假模式主要以"森林+海洋"双重旅游体验为主题，开展游览山海风景、

品尝山珍海味不同康养美食、进行山上水中不同运动等度假休闲产品，重在休闲娱乐、身心放松。具备山海双重资源的地区可以参照此类模式进行森林康养旅游项目的开发。

项目思考

1. 森林康养旅游的内涵和产品是什么？
2. 简述森林康养旅游产品的"三因制宜"策略。
3. 森林康养旅游的产品设计模式有哪些？
4. 简述"森林旅游+精神康养"的养心度假模式。
5. 寻找某区域森林康养旅游资源，分组设计一款森林康养旅游产品，并在班级分享交流。

项目作业

张家界森林康养游持续火爆

在康养旅游的带动下，2023年以来，景区旅游迎来新年小高峰，张家界国家森林公园旅游接待人次持续上涨，总接待人次较2019年同期相比上涨16.06%，旅游市场正在加快复苏。

根据相关旅游OTA调查数据，在国家对疫情管控措施进行优化调整后，国内游客的出行需求日益增加。而在旅行目的地的选择上，休闲康养旅游类产品持续受到热捧。作为全国首个国家森林公园，森林覆盖率高达98%、每立方厘米负氧离子含量最高可达10万个以上的张家界国家森林公园，成了游客青睐的旅游地。

为推广康养旅游产品，武陵源区将第一季度定为"阳康季"，推出了十条康养、旅拍等重点旅游线路，发布了春节免票活动，举办了2023年全国新年登高健身大会主会场活动，通过张家界国家森林公园景区新媒体多平台持续推出"阳康洗肺"系列宣传策划。

为应对春节黄金周客流，全区各景区景点已安排春节期间全员上岗，积极迎接后疫情时代即将到来的旅游市场复苏，宾馆酒店及民宿的预订率也逐步攀升，武陵源正在成为众多旅游者春节度假、吸氧洗肺的首选旅游目的地。

请根据所学知识，结合材料讨论分析张家界国家森林公园景区森林康养旅游产品的设计模式。

项目作业
分析提示

项目六

中医药康养旅游产品设计

项目导航

中医药是中华民族在几千年历史长河中的智慧结晶。在国家支持及产业融合的趋势下,中医药康养旅游是服务健康中国战略目标的重要途径,也是推动中医药文化传承与创新发展的新方向,开发能够满足人民群众健康服务需求的产品是推动中医药康养旅游发展的重点任务,也是不可替代的旅游吸引物。

本项目梳理了中医药康养旅游产品的内涵及类型,并探讨中医药康养旅游产品的开发策略及模式,为中医药康养旅游产品设计提供借鉴和参考。

学习要求

1. 掌握中医药康养旅游产品的内涵,能够区分产品的类型。
2. 掌握中医药康养旅游产品的开发策略。
3. 能够归纳中医药康养旅游产品的资源类型,掌握主要开发的康养旅游产品模式。
4. 培养知行合一、知物由学的职业素养。

思维导图

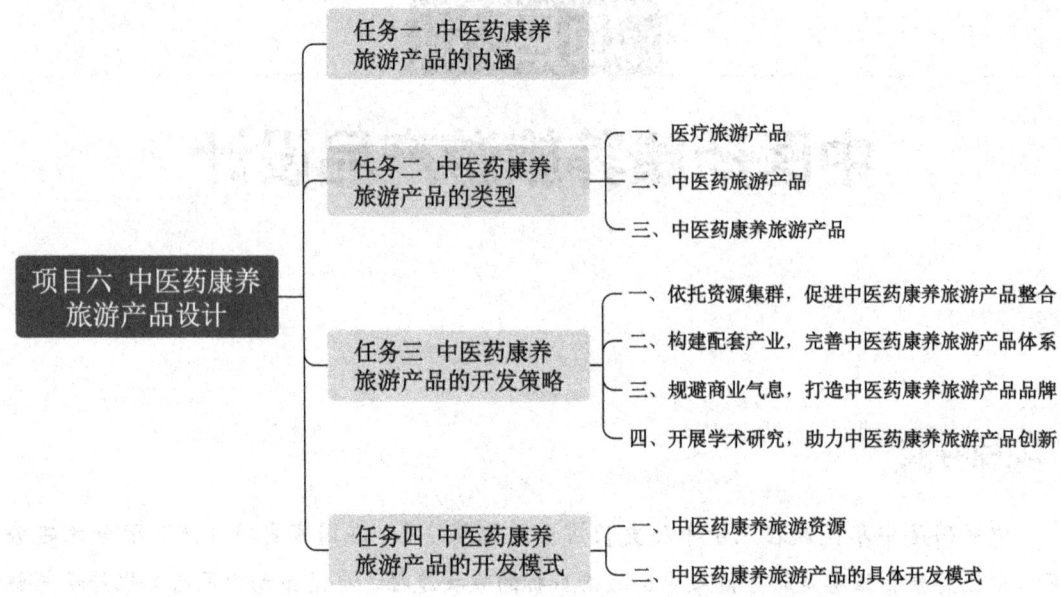

情境导入

甘肃——"千年药乡"迎来中医药文旅康养产业新篇章

随着中国掀起"围炉煮茶"热潮，冬季休闲养生游成为各地揽客的重要标签之一。甘肃凭借中医药资源优势，推出中医药康养游，吸引游客前来"养身养心"，体验中医药方"古为今用"的妙用。

甘肃是中国中药材主产地之一，现有中药资源 2 540 种（截至 2023 年 9 月），是古代医家代表岐伯的故乡（岐伯的故乡籍贯有"三说"，此处取"甘肃庆阳说"，另还有"陕西岐山说""四川盐亭说"），他开创了"岐黄之术"，奠定了中医基础。甘肃还是中国首本针灸术专著《针灸甲乙经》作者皇甫谧的故乡。近年来，甘肃先后在白俄罗斯、摩尔多瓦、吉尔吉斯斯坦等12个国家建设了16家海外岐黄中医中心（学院）。

基于以上中医药资源，甘肃推动了以中医文化为基础的康养游。例如，推动市场主体与老牌中医药企业佛慈、奇正藏药等合作；对接院校发展中（藏）医药养生体验、特色休闲康养、中医诊疗保健品、中草药健康食品、康养食品等系列文化旅游康养产品。

敦煌医学近年来亦受到养生群体的关注。从业人员从敦煌经卷、壁画及文献中挖掘方药和诊疗方法等，进行研究、开发和转化，探索敦煌医学"古为今用"，应用到临床，造福患者，并形成了《敦煌医学大辞典》《敦煌医学研究大成》、敦煌医学数据库等系列成果。

中医药康养旅游产品设计　项目六

任务一
中医药康养旅游产品的内涵

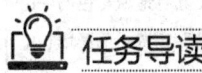 任务导读

中医药康养旅游是中医药理念、技术、资源与旅游深度融合的体现，本任务通过诠释解读中医药康养旅游产品的内涵，为中医药康养旅游产品开发、模式选择、经验借鉴、策略分析等高质量发展路径的构建提供借鉴。

中医药康养旅游以预防、保健、康复、休养等为主的养生理念符合当前人们对以健康为主题旅游活动的需求，传统的针灸、推拿、拔罐、气功、药膳、药酒、温泉浴等都是以中医药为特色的康养旅游产品。中医药康养旅游是旅游与中医药产业融合的产物，是中医药产业链的延伸，是旅游业发展到一定阶段后，依托深厚的中医药文化内涵、独特的理论体系和内容，以中医医疗保健手段、中药材资源为基本吸引物而产生的一种新型旅游方式。

拓展：中医药康养旅游的产生基础

中医药康养旅游已经进入国家视野，自2014年以来，国家陆续出台了一系列政策支持中医药康养旅游发展。一是在旅游业、中医药健康服务、中医药、健康旅游等领域的专项政策文件中布局中医药康养旅游发展目标和重点任务；二是出台中医药康养旅游发展指导意见、中医药健康旅游示范区（基地、项目）创建工作方案等中医药康养旅游专项政策文件，推动中医药和旅游融合发展，提升中医药康养旅游影响力和辐射力（见表6-1）。

表6-1　国内中医药康养旅游政策一览表

时间	政策名称	相关内容
2014年8月	国务院《关于促进旅游业改革发展的若干意见》（国发〔2014〕31号）	推进整形整容、内外科等优势医疗资源面向国内外提供医疗旅游服务。发挥中医药优势，形成一批中医药健康旅游服务产品。规范服务流程和服务标准，发展特色医疗、疗养康复、美容保健等医疗旅游
2015年4月	国务院办公厅《中医药健康服务发展规划（2015—2020年）》（国办发〔2015〕32号）	利用中医药文化元素突出的中医医疗机构、中药企业、名胜古迹、博物馆、中华老字号名店以及中药材种植基地、药用植物园、药膳食疗馆等资源，开发中医药特色旅游路线。建设一批中医药特色旅游城镇、度假区、文化街、主题酒店，形成一批与中医科技农业、名贵中药材种植、田园风情生态休闲旅游结合的养生体验和观赏基地。开发中医药特色旅游商品，打造中医药健康旅游品牌

续表

时间	政策名称	相关内容
2015年11月	国家旅游局、国家中医药管理局《关于促进中医药健康旅游发展的指导意见》(旅发〔2015〕244号)	推进旅游与中医药融合发展，开创中医药健康旅游发展新模式，构建我国中医药健康旅游产业体系，传承我国悠久的中医药文化，打造我国中医药健康旅游品牌，促进中医药健康旅游快速发展
2016年2月	国务院《中医药发展战略规划纲要(2016—2030年)》(国发〔2016〕15号)	推动中医药健康服务与旅游产业有机融合，发展以中医药文化传播和体验为主题，集中医疗养、康复、养生、文化传播、商务会展、中药材科考与旅游于一体的中医药健康旅游。开发具有地域特色的中医药健康旅游产品和线路，建设一批国家中医药健康旅游示范基地和中医药健康旅游综合体
2016年7月	《国家旅游局 国家中医药管理局关于开展国家中医药健康旅游示范区(基地、项目)创建工作的通知》(旅发〔2016〕87号)	用3年左右时间，在全国建成10个国家中医药健康旅游示范区，100个国家中医药健康旅游示范基地，1 000个国家中医药健康旅游示范项目
2017年5月	国家卫生计生委、国家发展改革委、财政部、国家旅游局、国家中医药局《关于促进健康旅游发展的指导意见》(国卫规划发〔2017〕30号)	大力开发中医药观光旅游、中医药文化体验旅游、中医药特色医疗旅游、中医药疗养康复旅游等旅游产品，推进中医药健康旅游产品和项目的特色化、品牌化。鼓励开发以提供中医疗服务为主要内容的中医药健康旅游主题线路和特色产品
2018年1月	国家中医药管理局《2018年中医药工作要点》(国中医药办发〔2018〕2号)	推动中医药健康旅游发展。深化中医药健康旅游示范区创建，遴选第二批国家中医药健康旅游示范区创建单位，开展示范项目创建。推进中医药健康旅游相关标准体系建设
2021年12月	国务院《"十四五"旅游业发展规划》(国发〔2021〕32号)	发挥旅游市场优势，推进旅游与科技、教育、交通、体育、工业、农业、林草、卫生健康、中医药等领域相加相融、协同发展，延伸产业链、创造新价值、催生新业态，形成多产业融合发展新局面。加快推进旅游与健康、养老、中医药结合，打造一批国家中医药健康旅游示范区和示范基地
2022年3月	国务院办公厅《关于印发"十四五"中医药发展规划的通知》(国办发〔2022〕5号)	通过建设优质高效中医药服务体系、提升中医药健康服务能力、建设高素质中医药人才队伍、建设高水平中医药传承保护与科技创新体系等措施进一步推动中医药健康旅游发展

在国家政策的指导下，多个省份陆续出台了中医药康养旅游发展相关的政策文件，积极推出一批中医药康养旅游路线、打造中医药康养旅游特色品牌、创新中医药康养旅游产业发展新模式、推进中医药与旅游业融合发展，打造大健康产业发展新蓝海。

中医药健康服务与旅游产业有机融合，为中医药康养旅游产业的发展带来了重要机遇，越来越多的中医药康养旅游项目、基地或综合体不断涌现。人们在旅游的同时，体验标准化、规范化的中医药健康服务，使产业健康可持续发展，在弘扬中医药文化的同时推动区域经济发展。随着"一带一路"倡议的实施，共建"一带一路"国家认可中医药文化，建成一大批中医药中心，在传播中医药文化的同时，实现"文化自信"，推动中医药康养旅游国际化。

可见，中医药康养旅游是传统旅游产业和中医药融合的新业态，以中医药资源为基础，良好的自然环境和经典的人文资源为依托，集自然、文化、休闲、康养、医疗、保健于一体，以维护、改善和提升游客身心健康为目的的旅游活动集合。

中医药康养旅游产品是相关产业和基地基于中医药康养旅游的基础，根据自身特征，在产品开发上发挥自身资源优势，以中医药自然资源、文化内涵、中医药康养保健手段等为主要吸引物而产生的各种预防及治疗疾病、医疗、保健、康复、休闲、养生、美容等产品或服务的统称。

拓展：中医药康养旅游产品的特质

任务二 中医药康养旅游产品的类型

任务导读

中医药康养旅游产品体系融合健康产品的医疗服务，形成综合性产业，产业链条长、产品形态多，对交通、餐饮、零售、金融、文化等方面都有不同程度的拉动作用，在服务大众、促进消费、推进经济结构优化等方面极为重要。

《国家康养旅游示范基地标准》对康养旅游示范基地在产品和服务上提出了要求：应具有与养生资源相应的产品和服务，并达到一定规模。可利用自然资源或人文资源以达到康养目的。面对多样的中医药康养旅游产品，不同产品消费者的接受程度不同，选择也存在差异，主要有以下三类。

一、医疗旅游产品

关于医疗旅游的开发近年来逐渐增多，而且国外的医疗旅游服务已经初具规模，产品特色鲜明，如韩国的整形、匈牙利的牙科、日本的体检、泰国的按摩等。综合现有情况，可将医疗旅游产品主要分为疾病治疗、整形美容、养生保健、休闲度假、医药购物五大类（见表6-2）。

表 6-2 医疗旅游产品

分类	具体产品
疾病治疗类	手术类（肝脏移植、断肢再造、干细胞治疗、试管婴儿等需要手术进行治疗的疾病）
	非手术类（中医调理治疗、健康体检、咨询等不需要手术进行治疗的服务项目）
整形美容类	塑身美体类（电波拉皮、超声波抽脂等）
	整形外科类（隆鼻手术、隆胸手术、植发手术等）
养生保健类	生态养生（森林等）
	滨海疗养（海水浴、沙疗等）
	温泉养生（SPA水疗、中药温泉等）
	运动养生（瑜伽、太极等）
休闲度假类	休闲服务医疗旅游产品（医疗综合体、生态医疗培训基地、生态医疗观光风景区等）
	观光度假医疗旅游产品（中药材观光体验、中医治疗观赏体验、疗养度假村、疗养机构等）
医药购物类	药膳类（养生药膳、中医药膳配方、中药饮品等）
	药材类（名贵中药材、中药饮片等）
	仪器设备类（简易按摩仪等）
	图书音像制品

二、中医药旅游产品

在医疗旅游产业蓬勃发展的背景下，中医药是中国医疗旅游产业的特色。中医药旅游是伴随近些年中医药和旅游产业融合发展的产物，是中医药健康服务的延伸和旅游业的拓展。中医药旅游目前主要分为中医药观光旅游、中医药体验旅游、中医药购物旅游、中医药会展旅游、中医药治疗旅游这五种类型（见表 6-3）。

表 6-3 中医药旅游产品

分类	具体产品
中医药观光旅游	中医药人文景观观光旅游（知名中药店、博物馆、名医馆、名医塑像、庙宇等）；中医药动植物景观观光旅游（如中药药园等）
中医药体验旅游	用中医药养生保健理论指导游客体验针灸、刮痧、药饮、药膳、中药美容、穴位按摩、中医足浴、中医理疗、气功减肥、体操养生与太极拳、五禽戏等
中医药购物旅游	中药饮片、保健品、中药材等
中医药会展旅游	举办学术会议、学术论坛和各类展示活动
中医药治疗旅游	以名医、名院为核心，以疾病治疗为目的所开展的旅游活动

三、中医药康养旅游产品

2015 年 11 月，国家旅游局和国家中医药管理局联合下发了《关于促进中医药健康旅游发展的指导意见》，文件将开发中医药健康旅游产品列为首要重点任务；提出要针对不同游客的需求，大力开发中医药观光旅游、中医药文化体验旅游、中医药养生体验旅游、中医药特色医疗旅游、中医药疗养康复旅游、中医药美容保健旅游、中医药会展节庆旅游、中医药购物旅游、传统医疗体育旅游及中医药科普教育等旅游产品。本书在对中医药康养旅游产品体系构建时，参考了既往研究的内容及国家政策文件中的指导意见，也根据现实情况对产品进行了重新分类和设计，将中医药康养旅游产品分为八大分类，并列举了每一分类下的代表性产品，具体如下。

一是养生保健类产品。以中医理论为指导，采用中医药特色疗法或手段，以健康、养生、养生保健为主要目的所提供的系列非治疗类产品中医药服务，如推拿、足疗、药膳、药饮等。

二是医疗保健类产品。康养旅游基地不同于中医药医疗机构，这里所提到的医疗保健类产品重预防、轻治疗（常见病、多发病）。主要提供中医针灸、拔罐、刮痧、体质鉴别、治未病等服务，同时邀请名医坐诊，吸引游客了解和感受中医药。

三是美容保健类产品。在中医基础理论和人体美学理论的指导下，采用中医技术与中医药资源，将传统理论与现代科技结合，开发塑形美体、延年驻颜的美容保健产品。

四是观光与文化体验类产品。依托中医药自然资源与人文资源优势，开发相应的观光与体验活动，让游客在观光活动中认识中医药、感受中医药、熟悉中医药，在体验中加深对中医药的认识和了解，增强对中医药文化的认同与喜爱。

五是购物旅游类产品。中医药康养旅游基地销售的是由中医药资源和文化所直接产生或衍生而来的产品，如道地药材、中药饮片、中医器械、药妆、药饮、工艺品等。

六是生态康养类产品。生态康养类产品是生态养生与中医药旅游相结合所产生的产品和服务，主要依托于自然资源，结合传统中医药"天人合一"的自然观和"形神统一"的整体观理论体系所开发出的一类养生产品。

七是学术会展类产品。通过举办大型会议、会展、节庆等活动，吸引游客关注，让人们了解中医药、认识中医药，在活动中普及中医药知识、传播中医药文化。

八是民族特色医药类产品。民族医药属于中医药的一部分，主要是指各少数民族特有的民族医药，但因其独特性的存在，在此将其单独提出进行研究。民族医药众多，藏医药、蒙医药、维吾尔医药、傣医药是四大民族医药，此外，苗医药的开发与发展也较好。

中医药康养旅游产品体系见表6-4。

表6-4 中医药康养旅游产品体系

类别	具体产品
养生保健类	药膳、药饮（如酒、茶等）、推拿按摩、足疗、养生功法、芳香理疗、养生音乐、精神养生（如佛医、禅修、辟谷等）等
医疗保健类	针灸、拔罐、推拿按摩、刮痧、中医体检、名医问诊、治未病、药浴、中药熏蒸等

续表

类别	具体产品
美容保健类	减肥瘦身、美白润肤、调理祛痘、驻颜祛皱、祛斑消痤、香口除臭、乌发生发、正骨整形（如正骨术、徒手整形）等
观光与文化体验类	动植物景观观赏（如中医药动植物标本、中草药园等）、人文景观观赏（如参观著名中医院、中医馆、中药店、博物馆、中医药大学等）、中药制作加工流程参观体验、药饮、药妆制作参观体验、中药材品质鉴定参观体验等
购物旅游类	道地药材与中药饮片、中医医疗器械、中医药图书音像制品、中医药工艺品、药妆、药饮（如茶、酒等）、生活用品（如香囊、药枕、牙膏等）等
生态康养类	温泉SPA、森林浴、阳光浴、沙疗、盐疗、海水浴等
学术会展类	中医药文化节、中医药博览会、学术会议、学术论坛、中医药康养知识讲座等
民族特色医药类	藏医药、蒙医药、苗医药、维吾尔医药、傣医药等

案例1：都江堰首发中医药康养旅游路线，好看、好吃、好玩，关键还养生！

案例2：中医+康养+旅游 看彭祖山中医药健康旅游基地如何成功"出圈"

案例3：康养山西 | 中医药+养生+旅游，在山西体验康养新姿势！

案例4：以旅彰文 推动河南"中医药+康养旅游"发展

任务三

中医药康养旅游产品的开发策略

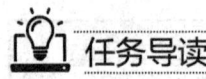 任务导读

在设计和开发中医药康养旅游产品时，需要结合并充分发挥自身的资源禀赋优势，同

时密切结合市场需求，以消费者为核心去设计和开发相关产品，保障中医药康养旅游产品的吸引力和市场稳定性。

一、依托资源集群，促进中医药康养旅游产品整合

中医药康养旅游作为"十四五"时期健康产业的重要项目，要根据自身资源优势，对现有可利用的各类资源进行整合与链接，尤其是要充分利用自身优质资源，开发相应的产品。具体来说，根据自身特色的自然资源，深挖传统中医药文化资源，借力深厚的产业资源等优势，构建花博园、农博园、药博园、茶博园、食博园、陶博园、文化园等资源项目，形成独特产品。如吉林、四川利用优质的人参、鹿茸、川芎、文君茶等名贵中药材资源，并以此为主要线索，为药博园、花博园、农博园及文化园等集群构建完整产业链条，推动旅游产业"融合衔接"形成"旅游+中医药+产业园+"新模式，打造成为资源整合型、产业融合型、服务聚合型的中医药康养旅游产品。

拓展：中医药康养旅游产品开发条件

二、构建配套产业，完善中医药康养旅游产品体系

设计中医药康养旅游产品，不仅要充分依托现有的资源和优势，还要有完备的城市基础、公共服务、商业等设施的功能配套，为游客提供更为便捷的住宿、餐饮、交通、通信、咨询等相关服务。如上海、广东等地经济实力较强，文娱产业需求旺盛，可配合建立和完善针对青年学生的"中医药科普游""中医药 DIY 游"等文娱配套产业；江西、四川等地绿色资源潜力巨大，养老产业需求激增，可配合产业园，构建针对老年群体的"中医药'候鸟'旅居游"养护配套产业。同时，因现代社会"城市客""职业者"等工作压力大，精神需求也在不断扩增，故可针对这类特定人群构建和完善"中医药运动游""中医药音乐游"心理咨询指导配套产业项目，形成全面系统的中医药康养旅游体系，确保游客"乘兴而来、满意而游、健康而归"。

三、规避商业气息，打造中医药康养旅游产品品牌

发展中医药康养产业，要避免过度商业化、同质化，要把加强行业引导和政府监管作为重中之重，对景区进行合理测算，核定游客承载量，对景区的商业场所与自然景观量核

算后进行评级，杜绝一味追求经济效益。同时，在保留原汁原味的基础上对特色旅游资源进行再提升和再创造，注入新的内在活力，如江西的枳壳、黄栀子、厚朴等道地中药材资源丰富，可将道地中药材融入"治疗+旅游+""养生+旅游+"；广东岭南文化、陈皮文化、茶文化源远流长，可将特色陈皮融入"文化+旅游+""中医药+茶旅+"，把附加中医药产品凝聚成广大人民群众感悟中医药文化的载体，使游客能够体验到浓郁而独特的文化特色，增强文化自信，增加游客重游意愿。

四、开展学术研究，助力中医药康养旅游产品创新

跨产业领域开展学术研究是对各学科知识进行整合和概括的高级形式，随着知识及产业的快速变动，中医药康养旅游作为一种新的产业模式，涉及医学、旅游学、经济学等多学科知识。这就需要中医药康养旅游产品设计者既要"低头拉车"，还要"抬头看路"，充分认识到中医药康养旅游不仅是"中医药""康养"或"旅游"的简单叠加，更是涉及多学科领域的综合发力，故而可通过学术会议、参观考察、邀请相关群体（高校学者、企业家、基层工作者等）讲学与交流等形式开展学术探究，多方位、多层次、多角度进行分析研判，为中医药康养旅游可持续发展拓展思路，如图6-1所示。

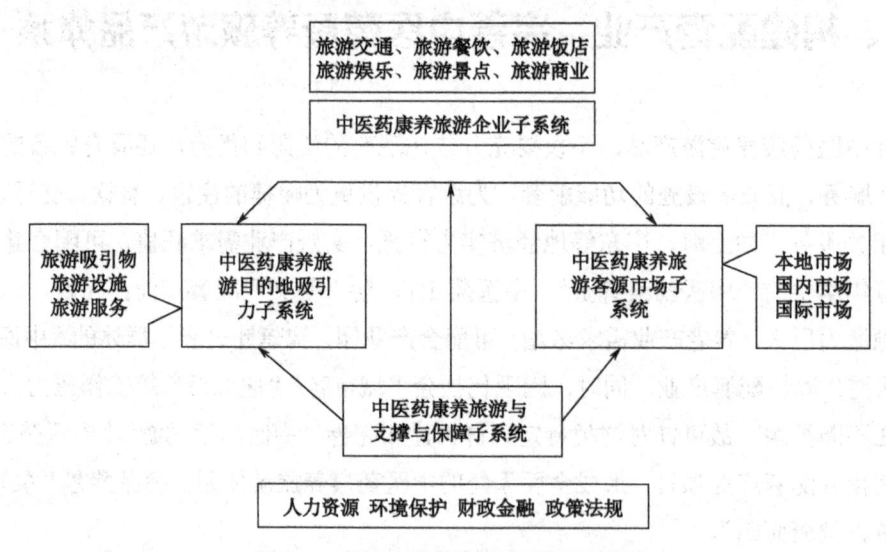

图6-1　中医药康养旅游资源开发系统

思政小课堂

探源中医药文化内涵　为"一带一路"倡议注入动力

党的二十大报告指出，坚持和发展马克思主义，必须同中国具体实际相结合，必须

同中华优秀传统文化相结合。这一重要论断,为中华优秀传统文化的发展指明了方向,提供了根本遵循。中医药文化是中华优秀传统文化的重要组成部分。坚持传承精华、守正创新,在"两个结合"中不断焕发中医药文化新生机,不仅是推动中医药传承与创新发展、建设健康中国的实践需要,还将为弘扬中华优秀传统文化、丰富人类文明新形态提供坚实基础。

中共中央总书记、国家主席、中央军委主席习近平在2022年12月对非物质文化遗产保护工作做出重要指示:"要扎实做好非物质文化遗产的系统性保护,更好满足人民日益增长的精神文化需求,推进文化自信自强。"

2022年1月15日,国家中医药管理局、推进"一带一路"建设工作领导小组办公室联合印发了《推进中医药高质量融入共建"一带一路"发展规划(2021—2025年)》,从全球卫生治理合作、医疗卫生合作、科技创新合作、国际贸易合作、健康产业合作、区域国际合作、教育合作、文化交流合作等八个方面提出了"十四五"时期推进中医药高质量融入共建"一带一路"的主要任务。

"十四五"时期,我国将与共建"一带一路"国家合作建设30个高质量中医药海外中心,颁布30项中医药国际标准,打造10个中医药文化海外传播品牌项目,建设50个中医药国际合作基地,建设一批国家中医药服务出口基地,加强中药类产品海外注册服务平台建设,组派中医援外医疗队,鼓励社会力量采用市场化方式探索建设中外友好中医医院。一是加强国际传播。加强中医药对外宣传,支持拍摄中医药影视精品,面向国际社会不同群体出版"一看就懂"的中医药科普书籍,加强与国际主流媒体合作,充分利用短视频、动漫等喜闻乐见的方式和海外社交媒体平台,展示真实立体全面的中医药,讲好中医药故事,不断提升对中华文化的理解。加强对已纳入人类非物质文化遗产代表作名录中医药项目的保护和传承。二是打造亮点品牌。将中医药纳入国家重大对外文化推广活动,深入开展中医中药海外行、"一带一路"中医药针灸风采行等系列活动,打造融中医药健康咨询、展览展示、品鉴体验、现场习练为一体的具有全球影响力的中医药文化亮点品牌,加强中医药商标品牌和地理标志产品在共建"一带一路"国家推介。发展中医药对外文化产业,开发中医药周边文创产品,形成一批具有国际知名度的中医药新媒体品牌。

问题:如何理解中医药文化融入共建"一带一路"的重要作用?

思政小课堂
分析提示

任务四
中医药康养旅游产品的开发模式

任务导读

资源条件是发展中医药康养旅游的基础，中医药康养旅游产品开发模式离不开其资源禀赋，需要充分利用好自身的自然、文化、产业等资源优势，打造符合自身特质的康养旅游产品体系。现行中医药康养旅游产品开发模式主要分为中医药文化康养、中医药温泉康养、中医药森林康养和中医药小镇康养等。

一、中医药康养旅游资源

旅游资源是中医药康养旅游产品开发的前提，根据现行《中国旅游资源普查规范》，旅游资源主要包括高山、峡谷、森林、火山、江河、湖泊、海滩、温泉、野生动植物、气候等自然旅游资源，以及饮食、购物、文化、历史古迹、产业基础等人文旅游资源，其中许多旅游资源本身就蕴含着中医药康养价值，如温泉、森林、山地、文化等。

（一）自然旅游资源

自然旅游资源又称自然风景旅游资源，是指能使人们产生美感或兴趣的、由各种地理环境或生物构成的自然景观，通常包括地文地貌、水域风光、天气气象和生物类属等，这些资源具有发展中医药康养旅游的潜在价值。概括起来，主要包括水文旅游资源、地文旅游资源与生物旅游资源。

1. 水文旅游资源

水文旅游资源以海洋、湖泊、河流、瀑布、温泉、冰川、云雾、雨、积雪等不同形式存在于大自然中。各地区的水文旅游资源因地域、气候等的差异各具特色，且内容丰富，如云南省所具有的瀑布、温泉、云海、江河湖泊等水文旅游资源享誉全国，尤以温泉最为典型，且温泉旅游资源大多列属于中医药康养资源，可达到松弛神经、缓解压力、排除毒素的功效，古来便是游历的胜地。此外，福建、江西、西藏、贵州等地的水文资源数量与种类也极为丰富，开发的空间很大，具有较大的经济价值（见表6-5）。

表6-5　中医药康养旅游之水文旅游资源

范围	代表地区	核心资源
水文旅游资源	福建	海洋、河流、湖泊、温泉等
	江西	瀑布、湖泊、温泉、云海等
	西藏	江河、湖泊、冰川、温泉等
	贵州	瀑布、云海、江河、温泉等

2. 地文旅游资源

我国是一个多山地、高原和丘陵的国家，地文地貌千奇百怪，遍布着适合中药材生长的山林，具有丰富的中医药康养旅游资源。历代文人墨客对名山大川情有独钟，为怡养情志而踏遍天下名山，并留下了"佳期别在春山里，应是人参五叶齐"（韩翃《送客之潞府》）等大量的名言绝句。各地区地文地貌资源不仅类属多元而且资源独特，如四川省不仅拥有秀美的高山、峡谷，也有神奇的石林、溶洞，更具有丰富的中药资源，享有"中医之乡、中药之库"的美誉，素有"无川药不成方"之说。此外，广西、贵州、江西、重庆等地也拥有着十分壮美的地文地貌景观（见表6-6）。

表6-6　中医药康养旅游之地文旅游资源

范围	代表地区	核心资源
地文旅游资源	广西	天坑、峡谷、溶洞、高山等
	贵州	峰丛、溶洞、峡谷、高山等
	江西	断崖、高山、峡谷、溶洞等
	重庆	地缝、溶洞、石林、峡谷等

3. 生物旅游资源

我国地域跨度大，地形地势及气候种类复杂多样，生物旅游资源又易受气候和地形地势等条件的影响，故生物旅游资源种类繁多并呈地域式分布。如云南省地势地形复杂多样，雨热充沛，树种类型繁多，珍贵树种、药用植物、香料花卉、观赏植物等品种享誉全国，故云南有"药物宝库""香料之乡""天然花园"之称。此外，各地区地理位置不同造就了各属地丰富而多元的森林、草原，以及道地植物、动物等生物旅游资源，如广西、贵州、江西、河南、四川等地的森林、草地、灌木、药植等生物资源种类多样（见表6-7）。

表6-7　中医药康养旅游之生物旅游资源

范围	代表地区	核心资源
生物旅游资源	广西	寿茶、金线莲、森林、红藤、草珊瑚等
	贵州	贵州灵芝、天麻、杜仲、森林、百鸟等
	江西	森林、艾草、栀子、射干、三叶青等
	河南	山茱萸、森林、地黄、山药、大鲵等
	四川	草地、辛夷、森林、杜仲、厚朴、茱萸等

（二）人文旅游资源

人文旅游资源又称人文景观旅游资源，指由各种社会环境、人民生活、历史文物、文化艺术、民族风情和物质生产构成的人文景观。我国地域广阔，拥有 56 个民族，各民族及同一民族内部成因不同，产生了迥异的生活习俗和文化，形成了独特的文化资源及因此而产生的产业资源，这些也成为游历者的考察对象，具有发展中医药康养旅游的后天优势。

1. 文化资源

中医药源自传统文化，随着社会文化的变迁而不断丰富和完善，且往往与社会文化交织相融，呈螺旋式交替推进，并在儒家文化、道家文化、佛家文化、民俗文化以及地域文化中外化显现。山东作为儒家的文化发源地，中医药文化资源底蕴深厚。此外，无论是江西的道家文化、山西的佛家文化，还是广州以及少数民族地区的地域医学文化和民俗医学文化，都是独特而宝贵的资源（见表 6-8）。

拓展：中医药养生文化

表 6-8 中医药康养旅游之文化资源

范围	类型	代表地区	核心资源
文化资源	传统文化	山东	儒家文化
		山西	佛家文化
		江西	道家文化
	地域文化	广州	岭南文化
		江苏	孟河文化
		安徽	新安文化
		江西	盱江文化
	民族文化	西藏	藏族医学
		云南	傣族医学

2. 产业资源

古籍文献虽未有发展中医药康养旅游产业的直接或间接提法，但从中药种植到药堂及教坊无不涵盖着中药材的种植、加工、服务等中医药产业资源。当下，全国各省（区、市）纷纷建立了特色中药百草园、中药加工园及旅游示范区。就广东而言，不仅中药种植产业底蕴深厚，中药加工产业以及旅游服务产业在国内也遥遥领先。此外，江西、贵州等地的中药种植产业、中药加工产业及服务产业也已初具规模（见表 6-9）。

表 6-9 中医药康养旅游之产业资源

范围	代表地区	核心资源
产业资源	江西、浙江、贵州、四川、河南等	中药种植产业
	广东、安徽、河南、山东、四川等	中药加工产业
	四川、山东、陕西、河南、江苏等	中医药旅游服务产业

二、中医药康养旅游产品的具体开发模式

（一）"文化+中医药"模式

我国中医药文化博大精深，源远流长，散布于经、史、子、集等典籍，这为中医药康养旅游的孕化奠定了坚实基础。各地深挖中医药文化资源，逐步形成了"文化+中医药"的康养产业模式。如山东宏济堂中医药文化景区，依托百年儒家历史文化，辅以名医、故居等中医药文化底蕴，形成了以"儒文化+中医药文化+旅游"为主的中医药文化旅游景区；山西五台山，佛文化浓厚，名山、石窟及寺庙度假区依托佛禅文化，结合食谱、功法等中医药文化优势，形成了以"佛文化+中医药文化"为主的养身养心度假区；江西龙虎山，依托其深厚的文化底蕴，深挖农耕、崖墓、道教、心学和旴江医学等中医药文化资源，以文化旅游产业链链长制为抓手，完善项目链、健全消费链、提升价值链，统筹抓好文化旅游产业建设，形成了以"道文化+中医药文化+旅游"为主的龙虎山度假区。此外，广昌县姚西村、岭南印象园、藏医药文化博物馆及傣族古镇等文化鲜明的古村古镇、建筑与文化景区，依托特色地域文化，构建产业模式，既增长了游客的中医药知识，又提升了当地的社会影响力，促进了地方经济的发展。

案例1："千年药乡"甘肃探中医药文旅康养引客"养身养心"

案例2：海南"中医药+康养"产业探出新路，走向世界

（二）"温泉+中医药"模式

随着社会经济的发展，中医药温泉康养越发成为诸多学者和游历者关注的热点，各地依据自身资源优势逐渐向中医药温泉康养产业发展，构建"温泉+中医药"产业模式。如福建厦门日月谷温泉度假村借助丰富的温泉资源，整合药材资源，打造"温泉+中医药"型温泉康养旅游产品；西藏羊八井温泉度假区凭借其独特的地理位置，结合独特的矿物类中医药，形成"温泉+中医药"模式，成为集康复理疗、休闲度假等多功能于一体的综合性温泉度假区；被称为"中国温泉之城"的江西石城依托其规模庞大的温泉资源，配合当地中药资源，构建起特色的"温泉+中医药"产业模式，该产业模式已成为石城县域经济的重要支柱，有效促进了当地旅游业的高速发展。

（三）"森林+中医药"模式

2016年国家林业局印发了《林业发展"十三五"规划》，明确提出要大力发展森林康养。2019年国家林业和草原局印发《关于促进森林康养产业发展的意见》，文件明确指出充分发挥中医药特色优势，大力开发中医药与森林康养服务相结合的产品，加强森林康养食材、中药材种植培育，森林食品、饮品、保健品等研发、加工和销售。随着森林康养理念的深入和国家康养政策的出台，各地现已将中医药元素有效融入森林康养，形成了"森林+中医药"的康养产业模式。如马骝山南药森林公园依靠森林资源，建立了中草药种植产业体系，形成了以中医养生保健服务为核心，集中医医疗服务、中医药健康养老服务于一体的中医药森林康养产业；北川药王谷依托万亩百年辛夷花和中药材树林，开发中医药养生主题旅游产品，不仅让景区在传统旅游市场中脱颖而出，更让属地中药材得到了社会的广泛认知；江西明月山充分挖掘其蕴藏丰富的樟树、毛竹、菊花等秀美山林资源，建设了一批森林康养基地，探索出了一条多维度的森林康养之路。

（四）"中医药+项目"模式

中医药康养文旅综合体模式是一种大健康产业与旅游度假产业双轮驱动的综合开发模式。这一模式以中医药养生理论、理疗技术为支撑，构建健康产业链与旅游度假产业链两大产业体系，打造延年益寿、强身健体、修身养性、康复理疗、修复保健、生活方式体验、文化体验等康养项目主题，形成区域康养的生活方式。中医药康养文旅综合体源于"城市综合体"，基于一定的中医药文化旅游资源与土地基础，以康养文旅休闲为导向进行土地综合开发，以互动发展的中医药康养文化旅游吸引核、休闲聚集区、文旅地产为核心功能构架，通过文化主题，集旅游、商业、休闲于一体，全方位、多角度呈现中医药健康文化，聚合产业，融合中医药康养旅游新业态项目，以相关配套设施与延伸产业为支撑保障，整体品质较高的中医药文化与康养旅游休闲聚集区，成为城市新的旅游目的地。

（五）"中医药+小镇"模式

随着特色小镇在全国的蜂起，以健康产业为核心的中医药康养小镇也应运而生，并逐步将健康、养生、养老、旅游、休闲等诸多元素融入小镇的发展模式，形成了各具特色的"中医药+小镇"康养产品。如仲景养生旅游小镇，借助银杏、娑罗树等珍稀药植发展中医药康养旅游，遍地的太极、气功等中医表演，道地山茱萸随处可见，使游客游玩时实现情志养生；永定养生小镇，将独具特色的民族风情与优美的自然环境有机结合形成了永定特有的"百物生长，千花争艳，万民康养，四季同春"的中医药康养模式；花桥热敏灸小镇，依托集中草药种植、旅游康养于一体的大健康产业，并借力江西中医药大学将花桥镇打造为热敏灸特色小镇，为"健康中国，养生江西"助力。此外，广西昭平的养生特色小镇、浙江宁波的葛洪养生小镇、岭南中医药文化博览园等都已投入使用，这些小镇在充分利用文化、自然资源、产业资源及生物资源等优势的基础上，打造了一个个各具特色的中医药康养小镇，透散出浓浓的"中医味"。中医药小镇康养产业的蓬勃兴起对各属地产生的社会与经济效益已然显现，也为国内其他地区开展中医药小镇康养提供了经验借鉴。资源条件是发展中医药康养旅游产业的基础，中医药康养旅游产业模式离不开其自身的资源条件。

案例：岭南中医药文化博览园（国医小镇）

案例：中医养生小镇，康养好去处

（六）"中医药+养老"模式

中医药康养度假养老社区模式是指依托区域良好的生态环境，通过中医药康养度假养老社区与城市社区共生模式来打造而实现的区域综合开发的模式。中医药康养度假养老社区的打造既需要构建康养旅居的度假环境，又需要使养老社区不同于以往的养老模式，更注重物质与精神两个层面，通过营造舒适愉悦的生活环境、植入中医药养生文化，以及配备人性化的专业接待体系、智能化的专控服务体系、便利性的特色产品体系来满足老年人的康养度假需求。此类中医药康养度假养老社区对中医药康养条件、康养技术、康养专业人员、康养服务的配置要求较高，因此，开发时应将中医药康养技术施治与度假养老综合考虑，尽可能地为老年人及亚健康游客提供相对安静、生态、健康、便捷的居住条件和度假方式，使老年人通过良好的人际交往环境获得心理上的享受。此类开发的典型案例有中国乌镇雅园等，形成了房地产与健康养老、养老教育、体育健康、老年康复融合的开发模式。

拓展：国家中医药管理局《关于促进中医药健康养老服务发展的实施意见》

项目思考

1. 中医药康养旅游的内涵及产品是什么？
2. 简述中医药康养旅游的产品分类。
3. 如何理解中医药康养旅游产品的开发策略？
4. 简述"中医药+小镇"的产品开发模式。
5. 寻找某区域中医药康养旅游资源，分组设计一款中医药康养旅游产品，并在班级分享交流。

项目作业

探秘中医药文化 北京推出 5 条中医药健康旅游精品线路

北京市中医管理局联合北京市文化和旅游局共同推出了 5 条北京中医药健康旅游精品线路，邀请市民和游客体验中医药文化，在春季到来时常去户外踏青养生、健康出行。5 条线路涵盖了宫廷医药文化展示、药膳品尝、中医养生保健、中药温泉养生等体验内容，景区类型既有博物馆、公园，也有医院、老药铺和旅游景点。值得一提的是，中国中医科学院屠呦呦研究员工作室也被纳入其中。

5 条线路中，有故宫御医药馆、地坛中医药养生文化园、听鹂馆、西苑医院等可以体验宫廷医学文化的线路，方便市民和游客探秘"宫廷医学"，体验皇家康养之法；也有包含广誉远中医药文化博物馆、同仁堂大栅栏老药铺、鼓楼中医医院京城名医馆等博物馆和药铺的线路，市民和游客可以借此了解京城名医和中医药文化。此外，还有北京中医药大学中医药博物馆、中国中医科学院中国医史博物馆、屠呦呦研究员工作室串联起来的寻根溯源线路，市民和游客可以探秘体验中医药文化。

线路 1：故宫御医药馆—地坛中医药养生文化园—听鹂馆—西苑医院

线路名称：皇家康养有方圆：宫廷医学文化的古与今

线路亮点：探秘"宫廷医学"，体验皇家康养之法，解密那些宫廷影视剧中的太医形象。看看虎撑是什么，一览医学文化的古与今。

线路 2：广誉远中医药文化博物馆—同仁堂大栅栏老药铺—鼓楼中医医院京城名医馆

线路名称：聚广德 济天下：京城里的名医文化

线路亮点：在国医国药老字号里，在一家中医药博物馆里，了解京城名医和中医药文化。

线路 3：北京中医药大学中医药博物馆—中国中医科学院中国医史博物馆—屠呦呦研究员工作室

线路名称：寻根溯源知本末：探秘体验中医药研学之旅

线路亮点：通过中医寻求健康，在专业、权威、领先的中医药高等学府和研究所，开启中医药文化和健康之门。

线路4：北京同仁堂健康零号店—北京中药炮制技术博物馆

线路名称：玩转国潮新时尚：传统文化换新颜

线路亮点：传统京味儿文化与现代时尚混搭，老字号创新出新品，体验式消费打造网红打卡地，展现京帮中医药特色的炮制技法。

线路5：北京御生堂中医药博物馆—北京龙脉温泉度假村

线路名称：有山有水有温泉：来自京郊的休闲养生秘籍

线路亮点：在博物馆感受中医药文化的源远流长和博大精深，在温泉汤池里享受山水休闲，在中药与温泉的"混搭"里体验16种温泉理疗浴健康养生的门道。

请根据所学知识，结合材料分析5条北京中医药健康旅游精品线路的设计模式。

项目七

温泉康养旅游产品设计

项目导航

我国的温泉文化历史悠久、源远流长、资源众多、分布较广，是世界上温泉多的国家之一，同时也是利用开发较早的国家之一。随着生产力、社会文明的发展和人们对健康的关注，温泉康养旅游因其疗养、休闲功能日益成为大众化活动，各地也纷纷兴起了建设功能完善的综合性温泉康养旅游产品的浪潮。

本项目主要介绍了温泉康养旅游产品的内涵、特征，以及产品开发的相关内容，使学习者建立系统的温泉康养旅游产品认知，具备相关产品设计的基础知识。

学习要求

1. 掌握温泉康养旅游产品的内涵，能够区分产品特征。
2. 掌握温泉康养旅游产品体系。
3. 理解温泉康养旅游产品价值，掌握温泉康养旅游产品开发策略。
4. 掌握温泉康养旅游产品的主要开发模式。
5. 培养知行合一、知物由学的职业素养。

温泉康养旅游产品设计　项目七

思维导图

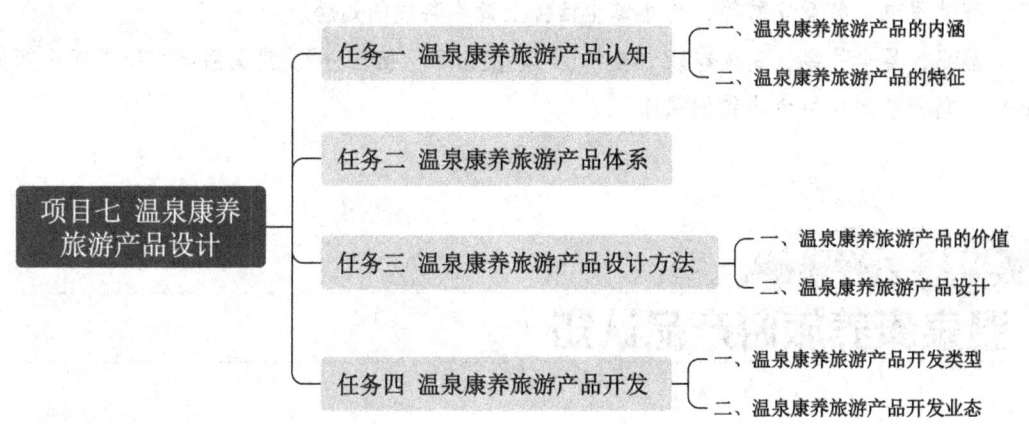

情境导入

来武义温泉康养　享全域旅游品质

武义山川秀美，生态资源丰富，拥有"全球绿色城市""中国天然氧吧""国家生态文明建设示范县""'两山'发展百强县"等荣誉称号，是名副其实的"浙中绿岛"。

作为深化全域旅游发展的旗帜，武义把"温泉康养"作为推动武义旅游产业发展的龙头，全面打响"温泉康养"品牌，打造长三角一流"温泉康养"旅游度假目的地。

案例：武义"温泉康养"赋能全域旅游，发展"温泉+"新引擎

2022年，浙江省政府发布《关于命名第五批省级特色小镇的通知》，公布全省第五批18个正式命名的特色小镇名单，其中武义温泉小镇榜上有名。这也标志着武义温泉康养迈入新阶段。武义温泉小镇以生态为基底、温泉为龙头、养生为核心、产业为主导、文化为灵魂，将独特的自然资源、良好的生态环境及与现代新兴产业有机结合，主动适应现代都市人群崇尚运动休闲、追求养生放松的度假需求，探索出一条资源、需求、产业等多元融合的旅游产业发展之路，打造一个集产业、文化、旅游、社区等多功能于一体，能居、能游、能产出的现代产业小镇。

武义不断延伸"温泉康养"产业链，大力研发推广温泉美容、温泉医养、温泉美食等独具武义特色的温泉系列产品，推动康养产业链向有机农业、有机国药、健康运动、康养教育延伸，挖掘培育"旅游+"新热点，不断推动传统产业跨界。

春品茶香，夏赏莲韵，秋登牛头，冬沐温泉……武义凭借得天独厚的康养资源，拓宽温泉旅游的产业链，推动富民增收，"温泉+"模式遍地开花。

同时，小镇推动基础设施、旅游服务、管理和生活数字化。实现免费 Wi-Fi 和 5G 信号全覆盖，对小镇实时开展客流、景点热度和游客来源地数据分析，远距离精准操控智能停车、智慧用电、智慧安防等，为小镇生活插上数字科技的翅膀。

温泉，是老故事，武义却让"老字号"焕发出了"新活力"。武义温泉小镇正以全新的面貌，阐释新时代特色小镇的风采。

任务一
温泉康养旅游产品认知

任务导读

如今的温泉康养旅游是在古代的"浴汤"活动基础上发展而来的，活动动机也从追求尊贵身份的象征、疗养身体的功效和灵魂皈依的境界，逐步延伸到休闲娱乐、康体疗养和释放心灵等多样化的目的，我国温泉旅游发展经历了神坛时代、疗养时代、休闲时代、综合康养时代。

拓展："温泉+康养"的康养模式

一、温泉康养旅游产品的内涵

关于温泉康养旅游，学术界的研究和提法较少，但相关概念涉及温泉养生、温泉旅游、温泉养生旅游等内容，在研究过程中也逐步趋于从康养视角研究温泉旅游或研究温泉旅游的养生功能和养生文化。泰国学者 Nipon Chuamuangphan 认为，温泉康养旅游是游客出于对健康的关心而开展的温泉旅游活动，游客通过热水进行治疗，改善身体状况，达到休闲放松的目的。许春华和王曙认为，所谓温泉康养就是感受温泉沐浴和温泉文化，以消除疲劳、滋养身体、缓解压力乃至治愈疾病的相关活动的总称。① 王立红提出，温泉康养旅游就是将温泉元素及其诸多功效融入康养旅游活动之中，以达到养生、养身、养心目的的各种温泉旅游活动的总和。② 根据《国家温泉康养旅游项目类型划分与等级评定》（2017-LB-01），

---

① 许春华，王曙. 凉州药王泉温泉康养品牌建设研究[J]. 甘肃广播电视大学学报，2019, 29(6): 63-67; 75.
② 王立红. 基于扎根理论的温泉康养旅游体验价值评价研究：以营口御景山温泉为例[D]. 辽宁：沈阳师范大学，2019.

温泉康养旅游是以具有保健、疗养等功效的温泉资源为依托，以温泉疗法为主要手段，提供以健康养生、预防保健、康复疗养为主要功能和特色服务的康养旅游活动的总和。另外，部分学者对温泉养生的概念做出了界定。沈雁飞、王晓刚认为，温泉养生有狭义和广义之分，狭义上指温泉疗养与保健，即利用温泉的物理特性、温度及冲击达到疗养身心的功效；广义上指结合了一系列温泉沐浴相关的休闲娱乐、康体健身、健康疗养活动，形成综合性的温泉养生体系。①

综上所述，本书认为温泉康养旅游是一种以康养为主要目的，以温泉为载体，依托温泉体验、健康咨询、运动健身、营养膳食、健康教育、修心养性、文化活动、亲近自然、关爱环境等各种有利于健康的综合手段，以保持和促进游客身体、心智和精神上的平衡与良好状态的各种温泉旅游活动的总和。

温泉康养旅游产品是温泉旅游企业以温泉为依托、以康养为目的，出售能满足游客温泉体验、康体疗养、休闲娱乐等需要的有形物品和无形服务的总和，是温泉旅游产业赖以生存与发展的基础。

从以上概念来看，首先，优质的温泉资源是温泉康养旅游产品的核心价值所在，它包含温泉水、温泉景观、温泉文化、温泉设施（旅游基础设施和疗养设施）等基本要素。因此，开发温泉康养旅游产品需要从以上要素出发，即保护优质的温泉水和泉源，结合当地地域文化和地形地貌打造优美的温泉景观，营造独特的温泉文化氛围，以及建设舒适便捷的温泉设施。

拓展：温泉业态地区差异

其次，温泉康养旅游产品内容丰富，除了狭义上通过泡温泉的方式达到疗养的功效，还融入了休闲、度假、娱乐、文化体验等元素，形成了以温泉沐浴为核心的综合性、多功能的休闲娱乐和康体疗养活动体系，以使人们身心愉悦。如休养温泉以放松身心、休闲度假产品为主题，可设置园林温泉、文体活动、棋牌娱乐、小食餐饮、推拿按摩等产品；保养温泉以美容养颜、美体美肤产品为主题，以SPA瑜伽、中医艾灸体现东方养生文化，可设置主题养生温泉、瑜伽塑身、艾灸养生、SPA美容美体、营养配餐等产品；疗养温泉以预病治病、康复疗养为主题，充分利用温泉矿物质功效和运用先进水疗技术，可设置健康管理、水疗康复温泉、康复理疗、水疗运动、医养配餐等产品。

再次，依托丰富的内容，温泉康养旅游产品的功能也呈现多样化、全方位的形态，即注重"康体、康疗、康乐"和"养身、养心、养颜"的三效合一。如温泉水的高温可以促进毛细血管的扩张、舒缓精神压力，温泉的有益矿物质元素可渗透皮肤疗养身体，借助温泉康养基地周边的地形地貌打造的旅游景观可令人赏心悦目、心情舒畅，配套的运动健身

---

① 沈雁飞,王晓刚.发展森林温泉旅游,提升养生品质——武义森林温泉养生与休闲旅游的发展研究[J].华东森林经理，2011, 25(4): 75-78.

项目和休闲娱乐项目可让游客在活动中舒展筋骨，在趣味体验中释放自我。

最后，温泉康养旅游产品实际上是介于家庭、工作、日常生活和医院之间的中间状态，不同于常规的生病到医院治疗和单一的休闲娱乐行为。温泉康养旅游须远离日常生活空间，以医学理念为指导，充分利用温泉中富含的微量元素及良好生态环境等自然疗养因子，配套相应的旅游服务设施、康体疗养设施、休闲娱乐设施，以提供旅游服务活动的形式呈现。

二、温泉康养旅游产品的特征

（一）季节性

温泉康养旅游产品是直接接触温泉的体验，因温泉资源的特殊性和气候温度的变化，使其旅游市场的淡旺季更加明显。人们一般选择在稍有寒意的时候去暖身，春秋时节是温泉康养旅游的高峰期，而夏季炎热时期是温泉康养旅游的淡季。随着温泉旅游度假综合体的兴起，可以在建设时充分挖掘温泉以外的其他资源，开发多样化、互补性旅游项目和产品，开展节庆赛事活动和会展旅游，尽量规避温泉康养旅游的季节性特征。

（二）稀缺性

温泉资源是温泉康养旅游产品的核心因素和基础条件。温泉的质量主要受到水温、水量及矿物质含量的影响，优质的温泉资源平均水温较高，温泉水含有氢、硫、钾、钙、氟等多种对人体有益的微量元素。出水量丰富、动态稳定，各项指标均符合国家医疗热矿水的标准。温泉的分布受到地质结构和生态环境的影响，属于非遍在性旅游资源，因此温泉资源具有稀缺性和地域性，不同于人工景观的可复制性。据统计，我国的温泉资源主要集中在北京、山东、辽宁、河南、广东、福建、云南、重庆、四川、海南、西藏与台湾等省市。

（三）疗养性

从温泉康养旅游发展的历史进程来看，人们外出开展温泉旅游活动的目的经历了"治疗疾病—休闲娱乐—感知体验—综合康养"四个阶段，而医疗、保健、养生功效是温泉康养旅游产品赖以发展的基础。现代康体观念不仅指温泉在物理和化学方面的疗养功效，而且还包括精神、心理层面的享受。温泉的物理功效主要体现在两个方面：一是通过温泉水的压力、浮力综合作用于人体，刺激肌肉和软组织，使得关节与肢体活动都省力灵活，有利于水下按摩、消肿止痛、关节功能训练，以及神经麻痹、关节僵硬、肌肉瘫痪的疗养康复，并促进消化系统功能，改善心血管功能性疾病。二是温热浴的水温（一般为36℃～39℃）超过健康人的皮肤温度（约34℃），身体接触温热适中的温泉水时，能降低神经的兴奋性，促进皮肤血管扩张，加快血液循环，使血压下降，通过温泉浴，可以温经通络、畅达气血，减轻脑出血后遗症、动脉硬化、神经过于兴奋、自主神经功能紊乱，早期高血压、冠状动脉供血不足等。温泉的化学功效则体现在，温泉水富含人体所需的氮、硫、钠、钙、钾、氢等生命元素，通过饮疗法、呼吸疗法和浸泡疗法等发挥药物的化学作用，对治疗皮肤病、糖尿病、痛风、神经痛、关节炎等均有一定的效果。同时，温泉康养旅游场所还具备舒适的生态环境、多样化的休闲娱乐项目和独特的地域文化，从而使游客身心愉悦。

（四）休闲性

随着休闲旅游产业的发展和温泉康养旅游产品领域的拓展，很多温泉旅游区逐步摆脱了单一的洗浴疗养功能，形成了集休闲度假、观光娱乐、保健养生于一体的综合功能性休闲度假目的地，表现出显著的休闲特性。其主要以温泉沐浴文化为基调，设置棋牌娱乐、推拿按摩、文体活动、小食餐饮等业态。如昆明柏联温泉度假村，拥有超五星级的柏联精品酒店和亚洲第一的 SPA 温泉，游客在这里可泡温泉、做 SPA、研习瑜伽、欣赏茶道、逛花市、品美食、打高尔夫、游石林……悠然享受高品位、特色化的休闲度假生活和个性化服务，是人们心中梦寐以求的温泉休闲度假胜地。

任务二
温泉康养旅游产品体系

任务导读

如果说在针对人的健康诉求方面温泉医疗产品主要发挥的是治疗和康复的作用，那么温泉康养旅游产品的作用首先是预防、"治未病"，其次是辅助性康复和后期康复，它以康养度假的形式来达到愉悦身心、放松身体、调节情绪、调理失衡、健康增进等目的。

温泉康养旅游产品从最初的简单沐浴和浸泡发展为一个综合性康养体系，经历了上千年的漫长岁月，但无论如何，其核心还是用温泉水来疗愈。温泉康养旅游产品体系划分首先是围绕着如何使用温泉水和温泉地气候等"健康因子"来康养身心进行的。参考世界各国主要的温泉康养产品，按照一定的分类标准进行归纳分类，将最常见的温泉康养旅游产品体系划分为三个层次，形成主类 9 类、亚类 23 类、基本类 62 类的分类体系

（见表 7-1）。

表 7-1 温泉康养旅游产品体系分类

序号	分类依据	主类	亚类	基本类
1	温泉水的静水压力和泉质化学成分是主要因子	原汤泡浴康养	全身浴	卧式全身浴、坐式全身浴、立式全身浴
			局部浴	半身浴、寝浴、坐浴、上肢浴、下肢浴
2	温泉水的水温是主要因子	温度浴康养	恒温浴	冷水浴、低温浴、中温浴、高温浴、高热浴
			变温浴	冷热交替浴、持续变温浴
3	温泉水的浮力是主要因子	浮力浴康养	悬浮康养	悬浮康养
			漂浮康养	漂浮康养
4	温泉水的热能（水蒸气）是主要因子	热能浴康养	热气浴康养	蒸汽康养、熏蒸康养、蒸汽拔罐康养
			热能康养	地热能康养
5	在温泉水中加入自然因子或物理因子并对人体产生医疗保健作用	综合浴康养	气水浴	气水浴
			盐康养	盐水浴、盐雾康养
			泥康养	泥疗、泥裹敷
			物理能量浴康养	电水浴、超声波浴、感官浴
			加料浴康养	加料浴康养
6	通过专业设备设施将温泉水作用于人体内部并产生医疗保健作用	内用水康养	吸入康养	粗型雾状颗粒吸入法、细型雾状颗粒吸入法、微型雾状颗粒吸入法、超微型雾状颗粒吸入法
			饮用康养	基础饮用法、特殊饮用法
			冲洗康养	口腔清洗法、妇科冲洗法、洗鼻法、肠道冲洗法、洗胃法
7	通过纺织品（海绵、毛巾等）将温泉水作用于人体外部并产生医疗保健作用	敷法康养	裹敷康养	全身包裹、局部包裹、冷热敷康养
			洗擦康养	擦洗法、洗涤法、摩擦法
8	采用机械方法促使温泉水发生各种流动以增强温泉水对人体外部的机械刺激从而达到医疗保健效果	机械水康养	淋浴康养	全身淋浴法、局部淋浴法、喷射淋浴法
			水压康养	水中按摩法、冲击拍打法、动压水康养
			灌注康养	全身灌注法、局部灌注法
9	在温泉水池或专业水槽中进行各种水中运动	水中运动康养	水池运动康养	水中专项康复法、水中特殊运动康养、水中肌肉骨骼训练法、水中体适能训练法、治疗性游泳法、水中自由运动法
			水槽运动康养	专项康复水槽

拓展1：承德实施"温泉+"战略 赋能全域旅游

拓展2：温泉旅游水质卫生要求及管理规范

拓展3：温泉旅游服务质量规范

除了上述温泉康养产品，广义上的温泉康养体系还包括泥疗、盐疗、沙疗、光疗、磁疗、电疗、蜡疗、气候疗法、地形疗法、森林疗法、音乐疗法、芳香疗法、心理疗法、太极、瑜伽、冥想等，如图7-1所示。

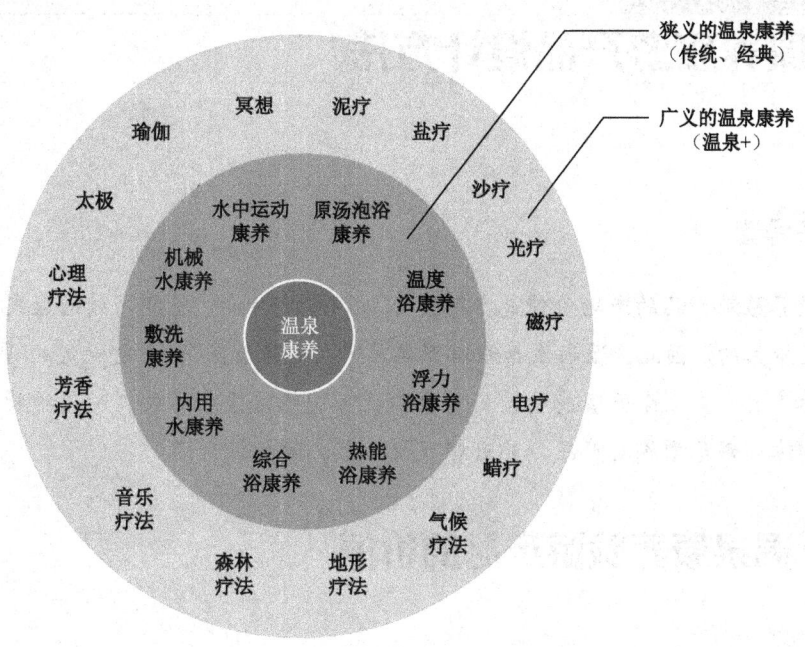

图7-1　狭义与广义的温泉康养体系图

此疗法虽然也可以独立成章，但当温泉和这些疗法有机结合，合成"温泉康养处方"之后，温泉康养的效果可能不会倍增，而是以乘数效应增强。可以把狭义上的温泉康养看作传统和经典的温泉康养，而加上广义上的温泉康养，就犹如"温泉+"，可以根据康养游客具体情况灵活组合，开出"温泉康养处方"，取得更好的温泉康养效果。

案例1：温泉县康养旅游"热"起来

案例2：冬游安顺——给你一场不一样的特色休闲之旅！

案例3：阳宗海度假区打造"温泉+体运动"康养旅游模式

任务三
温泉康养旅游产品设计方法

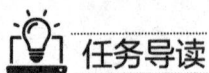 任务导读

温泉康养旅游产品的市场价值是"有效",没有特定方向、特定功效的温泉康养旅游产品是没有生命力的。因此,温泉康养旅游产品属于"功能温泉",围绕特定的目标客群,设计特定康养产品,产生令顾客感受得到和真心认可的特定康养功效。不谈功效的康养产品就是简单的休闲娱乐型旅游产品,其可替代性很强,附加值有限。

一、温泉康养旅游产品的价值

有学者将温泉的康养价值总结为"温泉三养",即疗养、保养、休养,高度概括了温泉康养的内涵和外延,如图 7-2 所示。

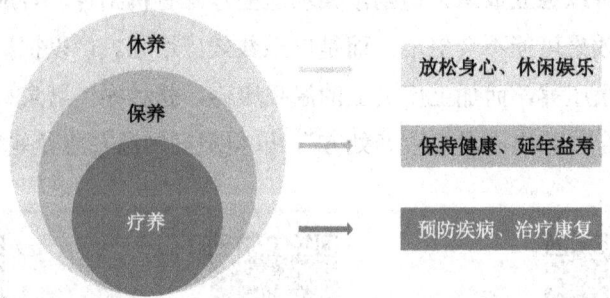

图 7-2 "温泉三养"结构图

"休养"是温泉最外圈,也是最大的一个功能层次,即休闲层次。温泉的休闲活动包括沐浴、水乐、餐饮、保健按摩、运动、观光、娱乐、社交聚会、文化体验等。当前中国绝大部分温泉设施都以提供"休养"活动为主营内容。休养型温泉最主要的功能是通过休闲娱乐和社会交往,使人达到身体舒畅、心情愉悦、感官满足、关系融洽的状态,换句话说,休养型温泉是一种欢乐温泉。"保养"是对健康的维护,与"养生"和"预防"很契合,就是通过一种日常的健康保养和呵护,有效增进健康,让人尽可能保持在一个平衡和精气神饱满的状态,以预防疾病,减缓衰老进程。"疗养"包含了医疗和疗养康复的双重含义,包

括温泉医院和温泉疗养院等。

二、温泉康养旅游产品设计

拓展：温泉康养旅游产品策划的七大要素

针对当前我国社会经济发展情况、国民生活情况和温泉旅游产业的设施与人才实际情况，温泉康养旅游产品的设计可以从以下六个方面入手。

（一）社交康养度假

近年来的抗衰老研究表明，积极正态的社会交往是长寿和幸福生活的关键因素，而以康养的名义与家人、朋友、情侣共度周末和短假期的温泉度假，可以联络感情、加强友谊、强化亲情纽带，增强游客人际关系的和谐感和幸福感。

（二）解压康养度假

现代医学研究，压力尤其是慢性压力会极大地降低人体免疫力，导致某些病灶生成，而与压力有关的负面情绪更是70%以上疾病的诱因或导火索。针对压力和负面情绪这类常见的亚健康症状，可以设计不同内容和效果的康养度假菜单。温泉康养度假的功效是身体舒服、心情愉悦、解压放松，须经过专业人员精心的疗程与游程有机结合的度假设计、专业的活动组织以及周详的接待安排。

（三）助眠康养度假

研究表明，现代人尤其是都市人的睡眠障碍和睡眠严重不足，也是引起很多疾病尤其是慢性病的原因之一。严重的睡眠障碍甚至可以导致抑郁症等精神疾病，导致记忆力严重衰退甚至老年痴呆等。实践表明，利用温泉疗法和森林浴等，结合专业的活动安排、健康教育、膳食调理、休息环境和专业客房，形成精心安排的度假菜单，可以极大地提高睡眠质量。

（四）美容美体康养度假

有的温泉水本身就是"美人汤"，如碳酸氢钠泉；有的可以促进新陈代谢，如硫酸盐泉；有的可以温暖身体、促进循环，如氯化钠泉（盐泉）。在专业人员的指导下利用这些温泉，再加上运动、合理膳食、心理咨询和户外活动等，能够达到美肤美容、减肥瘦身的效果。

（五）疼痛康养度假

慢性疼痛是一种时代病。大部分成年人都会时不时发生这样或那样的疼痛，包括神经痛、肌肉痛、骨关节疼痛等，这些疼痛往往与压力和寒湿淤堵有关。有些不适合在医院治疗的慢性肌肉骨骼疼痛病人，尤其是风湿病和关节炎病人，需要可以缓解疼痛的地方。温泉度假村针对这些人群，在医疗技术支持和循证医学数据的支持下，经专业人员指导，即使没有医疗机构和医疗资质，也可以开展基于消费者自愿的疼痛调理康养度假。

（六）高危慢性病人康养度假

高危慢性病人指的是经体检发现身体相关指标已经逼近发病临界点，再不采取有效措施就可能成为慢性病人。一旦得了慢性病，非常难治疗和逆转，并有可能伴随终身。温泉疗法已经证明对高危慢性病人，尤其是高血压、高血脂、高血糖、高尿酸的高危人群有明显的调节和控制作用。针对这些人群设计的康养度假，对于预防疾病，减轻个人、家庭和社会的负担具有非常大的价值。当然也需要专业机构和人才的支持。

任务四
温泉康养旅游产品开发

任务导读

温泉康养旅游产品的开发模式决定了温泉旅游业态的风格，开发模式是选择开发利用旅游资源的方式，而这种方式会受到整个旅游业态的影响。温泉业的发展从早期的"泡"到"吃、住、泡"，到加入会议、休闲、康养、娱乐等元素，以及后期的灯光秀、文化艺术演绎等高科技体验的融入，又增加了项目的娱乐性。

拓展：康养度假"温泉"产业的3个未来发展趋势

一、温泉康养旅游产品开发类型

（一）自然生态型

自然生态型温泉康养旅游产品是指依托旅游地优美的山水景观、舒适宜人的生态环境而开发的"观光+温泉体验"产品，游客通过置身于大自然中而舒缓心情、释放压力。如日本著名的箱根温泉小镇，就是以其得天独厚的自然资源而发展起来的，拥有富士山、大涌谷、芦之湖、飞龙瀑布、仙石原沼泽、神山、早云山、仙石原、芒草原等自然观光资源，当地观光休闲旅游产业发达，被誉为"东京后花园"。另外，此类产品亦可将温泉资源与生态农庄开发有机融合，按照"温泉生态庄园"的模式开发，以地热营造温室，发展温泉生态农业项目，创造出极具特色的温泉泡浴场所，如北京的蟹岛温泉旅游度假村、地热博物馆等。

案例：皇家康养、冰雪激情、林海雪原……承德市这6条温泉旅游精品路线等你打卡

（二）运动娱乐型

运动娱乐型温泉康养旅游产品是指温泉与运动游乐项目相结合的旅游产品，核心是在温泉泡浴的基础上，通过发展满足旅游者体验性、参与性需求的运动游乐项目，有力提升温泉度假村的整体吸引力，如水游园、滑雪场、高尔夫等运动均可与温泉结合。世界闻名的法国薇姿温泉小镇，以火山温泉出名，是法国主要体育赛事和赛马场所，拥有80多个运动俱乐部和丰富多样的运动设施，薇姿镇将两者充分融合，开发了马术、登山、健身等与温泉水疗相结合的多种特色运动，吸引了全世界运动爱好者慕名而来。

（三）休闲度假型

拓展：开发康养温泉度假小镇，应关注康养旅游七类产品

休闲度假型温泉康养旅游产品主要是按照"度假地产+温泉旅游"结合发展的模式，以大型或超大型温泉主题休闲区为开发形式，将温泉资源与周边资源充分结合，打造集观光疗养、休闲度假、购物娱乐、会议接待于一体的温泉度假村，主要面向高端休闲度假人群，旅游者消费高、停留时间长。如日本的布院温泉小镇以温泉为核心元素，融合了电影、音乐、艺术、原创手工艺等休闲娱乐元素，通过10余年的发展，新兴的布院温泉小镇成为日本当地人气最高、最受女性喜爱的时尚温泉小镇之一。

（四）医疗康复型

医疗康复型温泉康养旅游产品是指主要利用温泉的疗养功效，配套专业的医疗设施设备和医疗服务人员而开发出的系列产品，如疗养院浴疗、天然温泉医疗、温泉饮疗、温泉蒸箱浴、中草药分池药浴、温泉美容系列保健品、温泉美容针灸、按摩等。法国依云温泉小镇就是医疗温泉的典型代表。依云温泉是全球唯一的天然等渗性温泉，对一些疾病有显著的治疗效果。根据这一特性，小镇成立了"依云水治疗中心"，可针对消化道和新陈代谢相关疾病、尿路系统疾病、风湿及关节外伤后遗症等，提供专业诊断和定制化温泉治疗方案，主要包括温泉淋浴、温泉泡浴、温泉理疗、温泉SPA等服务内容。

（五）文化体验型

文化体验型康养旅游产品是指在温泉旅游开发中将温泉文化、养生理念和当地民俗文化深度挖掘、创新，并融入温泉旅游产品，赋予其更多的内涵和价值，带给旅游者更多的文化体验和感知的旅游产品。如"中国温泉旅游产业的开创者"御温泉，以温泉文化为核心，创新设计温泉文化体验，将中国温泉旅游带入了一个全新的领域；浙江武义通过每年10月举办的中国武义温泉节暨养博会，向世界展示了武义悠久的历史文化、浓郁的人文风情、独特的养生资源和丰富的旅游产品；昆明柏联温泉度假村在温泉项目的打造过程中，充分融入柏联SPA体验文化、浓郁的佛禅文化和火山文化，同时在建筑方面以南亚特色的建筑风格为主，并注重融合地域文化特色，凝聚了独特的品位、创意和文化内涵。

思政小课堂

温泉康养，过上美好生活的有效途径

踏访青铜遗迹、领略冰雪盛宴、尽享康养旅居、感受乡村魅力……党的十八大以来，新疆维吾尔自治区博尔塔拉蒙古自治州温泉县文旅产业突破发展，旅游经济快速升温，各族群众乐享发展成果，全域旅游不断升级。

半城山水半城景，满目新景入画来。近年来，温泉县积极创新探索"景城一体"发展模式，全面升级公共服务，持续提升旅游承载能力，以"温泉"资源为核心，以"景城合一"为发展新模式，依托城中38.7平方公里天然湿地打造北疆康养旅游胜地，全面推进文化、体育、农业、医疗康养等融合发展，走出了"半边湿地半边城，城在景中景是城"的发展之路。

山城相融、山水相依。温泉，不仅有满城山水的生态绿，还有得天独厚的地热资源，作为康养胜地，有着"中国温泉之乡"的美誉。近年来，温泉县充分发挥地热资源优势，打造以"浴文化"为主导的温泉养生、医疗保健、生态观光等多业态、复合型旅游产品。重点打造圣泉休闲度假游、天泉生态疗养游、仙泉草原风情游等精品旅游线路。

围绕康养度假配备系列公共服务，结合旅游服务经营，唱响康养品牌。依托温泉县蒙医医院打造以预防、养身、养性、养神、养心为主的康养服务，实施温泉水资源、中医、蒙医康养、文化演艺服务进酒店、进民宿、进景区工程，将药浴、沙疗、石疗、推拿等理疗服务与康养产业紧密结合，不断优化康养产业链。

中国已进入新时代，社会主要矛盾已经转化为人民日益增长的美好生活需要和不平衡不充分的发展之间的矛盾。旅游供给为解决不平衡不充分的发展与美好生活需要之间的矛盾，提供了最好的路径。满足人民对"美好生活"的需要，包括对高水平康养旅游的需求，是对旅游产业供给提出的要求。旅游领域的改革重点应该放在供给侧结构性改革上，提供更多的旅游产品，提供更佳的旅游服务，符合大众精细化、多元化、个性化的需求特点，解决需求与供给难匹配的问题。

思政小课堂
分析提示

想一想：为什么说温泉康养产品是过上美好生活的有效途径？

二、温泉康养旅游产品开发业态

（一）SPA

SPA 最早来自拉丁文 Solus Par Aqua（英文：Health through water），其寓意为用水给人们带来健康和活力。

1. SPA 的概念

随着 SPA 行业的发展，SPA 基于其本身的特性衍生出多种不同功能，结合 SPA 本身属性和不同学者的观点，国际 SPA 协会（International SPA Association，ISPA）对 SPA 进行了综合性的定义：SPA 是通过专业多样的服务来全方位地提升改善身体机能和精神状态。根据 ISPA 的规定，SPA 分为七种类型（见表 7-2）。

表 7-2　SPA 分类

类型	特征
俱乐部型	主要提供健身服务，提供一日内的各种 SPA 服务
邮轮型	建立在邮轮上的 SPA，提供专业健身服务、各种 SPA 服务、健康及 SPA 餐饮
都会型	无住宿的 SPA，提供一日内专业的各式 SPA 服务
主题型	由专业的各式 SPA 服务改进顾客的生活方式及健康状态，包括特别设计的 SPA 疗程、运动健身、教育课程、住宿服务、SPA 餐饮
医疗型	分成诊所式、个人服务式、企业院所式的医疗单位，引入 SPA 的概念及医疗的专业治疗，组合成一个强化健康、提供医疗及 SPA 服务的形态
温泉型	提供自然矿泉、冷或热泉，给予顾客温泉型的 SPA
度假村型/饭店型	建立在饭店里或度假区内，提供健身、餐饮及各式不同的 SPA 服务

2. SPA 的特征

SPA 具有商品和服务的属性，水是商品，其余则是服务。

水：从古至今，SPA 都是以水为中心展开的。例如，温泉 SPA，其所拥有的温泉活水能提供更好的体验；若为其他类型 SPA，则需要根据具体条件进行研判。

护理：护理减压是 SPA 的方式之一，减压护理如芳香疗法、淋巴引流的按摩，可以使做 SPA 的顾客感到如释重负，从生理到心理都得到放松。

SPA 独特的情景：护理减压属于服务类。服务具有无形性、异质性、不可分割性、不可存储性四大特性。为了让顾客能够更好地体验服务，SPA 将服务的特性用其他方式进行表达，这也形成了 SPA 的身体五要素：嗅觉、视觉、听觉、味觉、触觉。

嗅觉：顾客对食物和饮料的香味的喜好程度。

视觉：顾客对 SPA 场所的感觉。

听觉：具备疗效的音乐。

味觉：品尝健康的食物。

触觉：按摩。

不同国家、地区、公司都会根据自身特色，对 SPA 产品进行创新。逐步形成了 SPA 特色身心疗愈理念（见表 7-3）。

表 7-3　不同国家的 SPA 业态

国家	主要种类	特色内容
法国	海洋 SPA 疗法	海水中的化学成分类似人体血液，当皮肤浸泡在海水中会吸收微量矿物质，并利用海水、海泥、海盐、海藻等海洋资源来促进血液循环、新陈代谢并提升身体机能
德国	Kurhaus	利用不同水温、水柱、压力机频率来冲击身体穴位，针对全身上下不同方向进行浸喷冲击，以达到促进血液循环及新陈代谢的效果
泰国	泰式按摩	除了一般的按压，还可以利用手指、膝盖等关节在穴位上按压，或在关节处加以拉、揉、捏、伸展、扭转等动作，可令身体机能恢复平衡，促进身体血液循环与新陈代谢
印度	阿育吠陀疗法（Ayurveda）	阿育吠陀疗法如同五行理念。认为人体由土、水、火、气、场这五种元素构成，形成三大能量：瓦塔、皮塔、卡法。这三大能量失衡会使人生病。还强调温和、净化，其中包含按摩、蒸气排汗并结合健康饮食、瑜伽与冥想，帮助人们远离疾病
日本	温泉	日本是温泉文化高度发达的国家之一。1974 年，日本引进了德国 Kurhaus 技术，融合日本传统文化及运动生理学，形成极具日本特色的温泉 SPA

3. 温泉 SPA 及功效

温泉与 SPA 的结合，更能达到治愈效果。有研究表明，温泉水疗对于改善疼痛、情绪焦躁、睡眠质量差等情况均有显著作用；持续 3 周的温泉水疗是提升人们幸福感、改善人们心情及防治中老年人常见疾病的有效方式。作为一种自然疗法，温泉水疗可通过其温度效应、浮力效应、压力效应及化学效应作用于人体，对人体健康产生积极的影响。

2017 年，林璟等对重庆地区温泉水疗改善情况进行了相关研究，研究发现，志愿者在温泉水疗干预治疗后，身体状况有了明显改善（见表 7-4）。

表 7-4 重庆地区水疗改善情况统计

项目	明显改善	稍有改善	无改善	总改善
肌肉酸痛（n=167）[a]	81（48.50%）	77（46.11%）	9（5.39%）	158（94.61%）
关节炎（n=143）[a]	55（38.46%）	78（54.55%）	10（6.99%）	133（93.01%）
肢体水肿（n=59）[a]	24（40.68%）	30（50.85%）	5（8.47%）	54（91.53%）
肢体麻木（n=111）[a]	62（55.86%）	39（35.14%）	10（9.00%）	101（91.00%）
腿脚抽筋（n=93）[a]	32（34.41%）	52（55.91%）	9（9.68%）	84（90.32%）
头昏头痛（n=152）[a]	62（40.79%）	75（49.34%）	15（9.87%）	137（90.13%）
咽部不适（n=115）[a]	36（31.30%）	64（55.65%）	15（13.04%）	100（86.96%）
皮肤瘙痒（n=76）[a]	30（39.48%）	35（46.05%）	11（14.47%）	65（85.53%）
支气管炎（n=58）[a]	29（50.00%）	20（34.48%）	9（15.52%）	49（84.48%）
咳嗽（n=92）[a]	45（48.91%）	32（34.78%）	15（16.30%）	77（83.70%）
皮肤病（n=58）[a]	22（37.93%）	25（43.10%）	11（18.97%）	47（81.03%）
视物模糊（n=223）[a]	48（21.52%）	104（46.64%）	71（31.84%）	152（68.16%）

注：表中 n 表示参与调查的总人数；a 表示该项目调查对象为有该项症状者

表格来源：林璟, 秦启忠, 韩令力, 等. 温泉水疗对个体健康状况影响的研究[J]. 保健医学研究与实践, 2017, 14(4): 12-15.

可见，温泉 SPA 在一定程度上可以改善身体状况、心理状态，对个体健康产生积极的影响。但是，由于温泉 SPA 的特殊性，并不是所有客群都可以进行温泉疗法，如心律不齐患者、严重的下肢静脉曲张患者、对光与热敏感者、高血压患者等，选择温泉 SPA 时应格外注意。

（二）水乐园

水乐园是游乐园的一种形式，是以水面游乐区域为主的主题性游乐园。根据中国旅游协会温泉旅游分会发布的《中国温泉旅游的现状与发展趋势》报告，游乐动感型温泉将会是未来温泉的发展方向之一。游乐动感型温泉将温泉与运动、游乐结合，突出项目的参与性、体验性和动感刺激。其中最典型的组合是"温泉+水乐园"。"温泉+水乐园"模式，把夏季最受消费者欢迎的水上游乐项目引进温泉旅游地，解决了淡季产品单一趣味性不足的问题，对于促进温泉的整体经营、增加盈收率，具有重要的作用。水乐园所含有的产品多种多样。

1. 游泳池

游泳池是水上运动的场地，多数游泳池建在地面，根据水温分为一般游泳池和温水游泳池。泳池为水乐园必备设施之一，也是人们娱乐休闲的主要场所。与标准泳池不同的是，游乐场的泳池多为无规则形状的露天泳池，且会在水池内安装不同的设施来提高娱乐性。在寒冷地区的泳池，为了能维持一年四季的营业，需要进行恒温控制。

2. 滑水道

滑水道是水乐园的一种游乐设施，类似滑梯，但不同的是，滑水道有水从顶端以加快下滑的速度冲下来。滑水道有不同的坡度与高度，有些滑水道高度甚至超过 30 米。传统的滑水道有三种：简单型、内通道型和超长型，顾客使用不同的设施时会产生不同的体验。近年来的滑水道越来越多样，有水回环滑道、碗式滑道、家庭漂流滑道、漏斗滑道、半管滑道、多轨道滑道、竞速滑道、水箱滑道、掉落滑道等，大大丰富了可玩性。

3. 戏水区

戏水区是水乐园的标志性区域。通常此区域设立在水乐园的公共区域，该区域通常为儿童聚集地，设有救生员对此运营场地进行不间断的风险监督管理，以降低水乐园整体项目的风险。通常情况下，该区域会有地面射向天空的水柱，还有伞形淋浴、蘑菇状淋浴。较早出现戏水区相关定义的文献是《健康法案》（*Health Act*）。该法案提出："供儿童使用的戏水区应为凹陷地或盆地，并通过部分设备向内部喷洒饮用水，但不允许水在底部集聚。"这也为后来戏水区的发展制定了标准。

4. 漂流河

漂流河通常是环绕着水乐园区域的带状、河流状泳池。通常宽度在 0.76~1.1 米之间。漂流河内有缓缓流动的水流，可以让客人选择不同的载具漂在水面上，如漂浮板、泳圈等。

5. 造浪池

作为泳池的一种形式，造浪池主要由池体本身和造浪机器组成。造浪池最早可以追溯到 19 世纪，由巴伐利亚国王路德维希二世（King Ludwig II of Bavaria）发明，后来流行于欧洲各地，其中以佛罗里达州的斯莱特造浪池最为出名。

除大型的游乐设施外，水乐园一般还配有喷水玩具、灯光表演、探险产品、地喷、水泡、水体触发器等相关产品，这些产品会根据项目的占地面积、功能需求等进行配套。

（三）温泉度假村

温泉度假村是指以温泉这一自然资源为依托，提供融合温泉养生与观光、食宿、会议、休闲、度假、健身、娱乐等多种服务功能的度假场所。游客在温泉养生的同时可享受与之配套的系列休闲度假产品。通常除温泉洗浴养生之外，像酒店住宿、特色美食、健身场馆、运动球场、电影娱乐、商务会所等都有所涉及。温泉度假村的主要特征可以从两个层面来阐述：一是温泉度假村属于度假村的一种形式，二是温泉度假村所依托的主题吸引物是温泉。

温泉度假酒店的规模要小于温泉度假村，温泉度假酒店可以是温泉度假村里的一个项目，也可以名为酒店但内容上是度假村。从主要功能来看，温泉度假村强调的是温泉疗养、休闲娱乐功能，而温泉度假酒店则强调其住宿功能。从建筑布局上看，温泉度假村设有专门的一栋或一组具有一定规模的独立建筑为游客提供相应的温泉服务，而温泉度假酒店是在酒店的公共部分中专门划分一个区域用作温泉体验。目前温泉度假村开发模式有以下六种（见表 7-5）。

温泉康养旅游产品设计　项目七

表 7-5　温泉度假村开发模式

温泉度假村开发模式	内容	案例
特色温泉景区模式	面向大众的精品温泉景区、面向小众的高端 SPA 景区	天沐温泉 柏联 SPA
温泉会议中心模式	温泉+大型会议 温泉+中小型会议	北京九华山庄
温泉休闲乐园模式	温泉+水游乐	广东恩平锦江温泉
	温泉+高尔夫	上海太阳岛高尔夫温泉度假村
	温泉+滑雪场	青岛即墨天泰温泉滑雪场
	温泉+综合游乐	珠海海泉湾
温泉康复基地模式	温泉+康复疗养	汤岗子温泉疗养院
温泉生态庄园模式	温泉+生态农庄	北京蟹岛度假村
温泉度假社区模式	温泉+旅游地产	珠江帝景温泉度假村

随着度假旅游的快速发展和旅游度假村之间竞争的加剧，定位核心客源市场，形成度假村特色及满足游客多方面的需求成为旅游度假村发展的新趋向，这些趋向具体表现在以下五个方面：一是明确主题，即明确度假村发展的主要理念或核心内容，如"健康度假游""修学度假游""亲子度假游""民俗度假游"等。二是深入文化。一般包括地域特色文化和现代休闲度假文化，这是度假村的灵魂所在。三是注重生态。使绿色度假村最大限度地发挥园区的生态效益、景观效益。四是营造景观。开发利用度假村内的风景资源，构筑度假村的观光游览系统，使度假村成为具有良好的人居环境和优美景观的场所。五是偏向休闲。消磨闲暇时间已成为度假旅游的一项主要内容，且散客度假将取代团体度假，成为人们主要的度假方式。针对目前温泉度假村旅游行业的发展趋势，可以将观光型度假升级为保健康乐型度假、将无主题的度假旅游升级为有主题的度假旅游、将研学课题融入度假村，从而能实现我国温泉度假村的创新与升级。

（四）温泉地产

温泉地产属于旅游地产的一种特殊类别，是温泉融入旅游地产的一种表现。旅游地产最早诞生于法国地中海沿岸，由于所在地环境好，风景优美，吸引了大批来法国旅游的游客，使得滨海旅游城市及周边建立了大量用于度假旅游的高档别墅和公寓，以满足游客的需求。温泉地产，顾名思义，包括"温泉"和"地产"两部分。结合旅游地产的概念，本书将温泉地产定义为，结合温泉本体并以由其性质衍生的相关产业为核心点的旅游地产。温泉本身包含康养、美容、治疗等功效，这也是温泉地产和其他旅游地产的不同之处。

1. 温泉地产的项目类型

按照使用权和所有权，可将温泉地产分为产权酒店、分时度假、主题社区或景观住宅、房地产大盘或新城项目。

产权酒店：产权酒店就是由个人投资者买断酒店客房的产权，开发商以房地产的销售模式将酒店每间客房的独立产权出售给投资者。每一套客房都拥有独立的产权，投资者像购买商品房一样投资置业，将客房委托给酒店管理公司分取投资回报及获取该物业的增值，同时还获得酒店管理公司赠送的一定期限的免费入住权。

分时度假：分时度假就是把酒店或度假村的一间客房或一套旅游公寓，将其使用权分成若干个周次，按10～40年甚至更长的期限，以会员制的方式一次性出售给客户，会员获得每年到酒店或度假村住宿7天的一种休闲度假方式。会员还可以通过交换服务系统把自己的客房使用权与其他会员异地客房使用权进行交换，以此实现低成本地到各地旅游度假的目的。

主题社区/景观住宅和房地产大盘/新城项目，则多为普通意义上的住宅和小区，这些地产基本都建立在温泉景区附近，主要目标客户为游客和当地居民。

2. 我国温泉地产的细分类型

（1）特色景区型

特色景区型一般是有海洋、山脉、野生动物、野生植物等富有观赏价值的特色景区。这种温泉地产开发模式适合于大部分人群，并凭借其自然特色吸引广大游客观赏，具有以下特点。

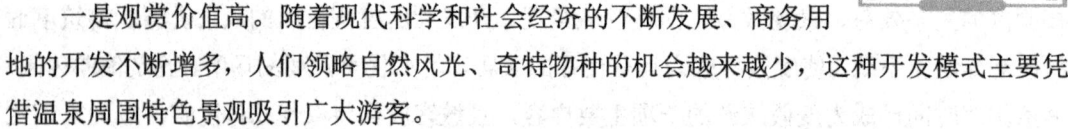

案例：温泉景城融合 游憩医养共享

一是观赏价值高。随着现代科学和社会经济的不断发展、商务用地的开发不断增多，人们领略自然风光、奇特物种的机会越来越少，这种开发模式主要凭借温泉周围特色景观吸引广大游客。

二是资金投入额小。该模式以温泉为依托，以当地景观为特色吸引广大消费者。由于温泉目的地拥有丰富的自然景观，为开发建设人工景观节省了大部分资金，所以该模式不会产生大量的资金消耗。

三是结构单一。特色景区型温泉地产开发模式针对温泉周边的自然景观、特色物种进行开发利用，相对其他类型温泉地产模式来说，结构比较单一。

四是综合收益低。对温泉配套设施要求比较高的消费者来说，这种结构单一的开发模式吸引消费者的能力较低。且因开发投入的盈利设施比较少，项目收益主要来自温泉汤泡，基本没有温泉以外的营业收入，导致这种温泉旅游开发模式的综合收益较低。

（2）会议中心型

会议中心型开发模式的开发地点主要分布在经济发展较好的城市，主要接待会议团体。此类开发模式容易成功，但竞争比较激烈，主要靠高水准的营销策划、鲜明的主题来吸引消费者，其特点如下。

一是资金投入小。此类温泉地产开发模式一般投资在会议室、宾馆、餐厅及温泉的汤泡上。与其他模式相比，资金因素对其影响较小。

二是交通路径要求高。该模式主要接待会议团体，开发此类温泉地产一定要考虑周边的地理环境，以接近市区为优先，同时要考虑交通的便捷程度。

三是结构单一。该模式依托中等以上城市，针对机关、团体、企业等，主要利用温泉的休闲养生价值吸引会议团体，相对其他类型模式来说，结构比较单一。

四是竞争性大。由于此模式盈利性大，且利于管理，因此开发商比较倾向此类模式，由此而产生了巨大的竞争。这就需要运营商加大营销力度，拓展产品特色，才能在此类温泉地产市场中站稳脚跟。

（3）康体基地型

康体基地型温泉地产开发模式，其特色是将医疗、疗养、健身、养老等与温泉保健相结合，从养生角度吸引中老年消费者。此类温泉地产开发模式历史悠久，随着社会经济的不断发展，目前此类模式的医疗基础设施比较完善，其特点如下。

一是投入资金多。该温泉地产的投入资金较多，主要体现在住宿上，其中包括长期和短期两部分，因此需要的建筑面积较大。同时需要大量的医疗设备、健身设备等。

二是吸引能力强。随着人民生活水平的不断提高，人们对生活质量的要求和对自身保养的重视程度也越来越高。此类温泉地产针对当前人们的健康需求具有很强的吸引力。

三是市场前景良好。此模式符合市场需求，面对中国老龄化的不断加剧，温泉养老院已成为独生子女的首选。该模式能为老年人及病患提供全方位的服务，还可以提供以温泉为特色的医疗保健，已成为未来的发展趋势。

（4）度假社区型

随着人们对旅游养生需求的不断提高，与养生旅游相结合的房地产行业不断发展。此类温泉地产开发模式以销售为主。提供服务的对象主要为长期旅游疗养或在温泉地居住的消费者，其特点如下。

一是带动大型区域的整体开发。随着人民生活水平的不断提高，休闲娱乐、养生运动成为人们生活中必不可少的一部分。温泉地产作为一项既可以养生又富于娱乐的地产项目，在当今社会已经成为一种时尚。温泉地产开发促进了市场经济的健康发展，同时带动了大型区域的整体开发。

二是带来巨大的经济效益。温泉地产带动了当地经济的发展，同时给开发商带来了巨大的经济效益。以温泉养生为特色开发温泉地产进行销售，吸引了以养生为目的的购买者。与其他模式相比，度假社区型温泉地产开发模式有投资回收期短、回报率高等特点，从而带来巨大的经济效益。

三是投资风险较大。此开发模式开发投资额巨大，投资成功会带来巨大的收益；若投资失败，则会带来较大的风险。

（5）生态庄园型

生态庄园型温泉地产开发模式主要以生态采摘为特色，在温泉养生的基础上，体验城市之外农家庄园的独特乐趣。主要吸引家庭、单位等团体游客，其特点如下。

一是资金投入少。此类温泉地产开发模式结构单一，以生态植物为主，资金投入较少。

二是受季节性影响较大。生态植物受季节性影响较大，导致此类温泉地产的收益随之变化，产生的效益差异较大。

（6）休闲乐园型

休闲乐园型地产开发模式在温泉泡浴的基础上，与相关的运动游乐项目相结合。按娱乐项目分类，可分为与水乐园结合、与高尔夫球场结合、与滑雪场结合等，其特点如下。

一是吸引力较大。此类温泉地产的娱乐项目较多，可以满足消费者的体验需求。随着社会经济的不断发展，人们的工作压力越来越大，此类温泉地产对人们减缓压力、放松心情有很大的帮助，具有较大的吸引力。

二是部分娱乐设施对季节性要求较高。该模式某些娱乐设施受季节性的影响较大，如滑雪场、水乐园等。

三是投入资金大。此开发模式具有丰富的娱乐项目，为满足大多数消费者的体验需求，需要建设大量的娱乐设施，因而资金消耗较大。

（7）综合型

除以上六种经典模式外，目前我国比较广泛的开发模式为综合型温泉地产模式。该模式是在结合温泉当地特色的基础上，将上述六种温泉地产开发模式中的两种或两种以上互相组合，以满足大部分消费者的需求。此开发模式的特点如下。

一是资金投入大。由于综合型温泉地产开发模式具备多个子模块，所以投入的资金相对其他开发模式较大。

二是风险性小。综合型温泉地产开发模式的子项目较多，满足消费者需求度较高，吸引消费者的能力较强，所以该模式的风险相对其他模式较小。

项目思考

1. 简述温泉康养旅游产品的内涵。
2. 温泉康养旅游产品的特征有哪些？
3. 请举例说明温泉康养旅游的产品体系。
4. 如何理解温泉康养旅游产品的价值？
5. 温泉康养旅游产品设计可以从哪些方面考虑？
6. 请简述温泉康养旅游产品开发类型和主要业态。
7. 寻找某区域温泉康养旅游资源，分组设计一款温泉康养旅游产品，并在班级分享交流。

项目作业

温泉游引八方客 "洗"旧迎新过大年

新年已至,年年相似的过年玩法让很多承德人觉得厌倦了,许多市民紧紧把握春节小长假,来到河北省承德市隆化县七家镇,和家人来一场温泉养生之旅,换个方式"洗"迎兔年。

承德温泉普遍富含氟、偏硅酸、氡、锶、锂、硫等多种对人体有益的微量元素,其中七家温泉偏硅酸和氟含量是国标 8 倍,属于珍稀温泉,"天上瑶池,人间七家"已经深深印刻在承德人的心中。近年来,随着七家温泉村的不断发展,围绕七家温泉已经拥有了一批温泉民宿、温泉酒店、康养小镇、旅游景区、高端温泉度假区,这里价格合理,适应大多数消费者的各种需求。就在近日,还面向全国在北京举办了温泉推介会,隆化县也推出了"热河温泉城,欢喜过大年"的温泉春节惠民活动,活动不仅吸引了本市市民,还吸引了许多外地游客,承德温泉旅游迎来春节新高峰。

"洗"旧迎新,"泡"旺来年。泡温泉过年的方式已得到越来越多的消费者认可。泡去一年的辛苦,冲走一年的疲乏,迎接"热气腾腾"的新年,一起感受"温泉里的年味儿",解锁健康过年新方式,带上新的梦想和希望,去拥抱崭新的一年。

承德温泉具有水质优、埋藏浅、出水温度高等三大特点,富含氟、氡、锶、锂、硫等多种对人体有益元素,是珍稀的天然理疗矿泉。如今,集住宿、餐饮、观光、休闲、度假于一体的七家温泉旅游小镇已初具规模。

近年来,承德大力推进"温泉+"战略,以"温泉康养"赋能全域旅游,打造集温泉旅游度假、温泉医养康养、温泉养老养生等于一体的多业态开发模式,力争到2027年,年接待温泉旅游医养养老人数 500 万人次以上,成为全省乃至全国著名温泉医养养老目的地和皇家温泉康养旅游城市,全力打造"皇家避暑地·热河温泉城"品牌。

2023 年春节前夕,由中共承德市委、承德市人民政府主办的"皇家避暑地·热河温泉城"河北承德温泉旅游推介会在北京成功举行,市文旅局发放 100 万元文旅消费券,限量投放滑雪、温泉旅游项目,邀请游客在冬日里感受独具承德特色的乐趣和年味。为了让游客更好地体验温泉,隆化县还在春节期间推出了"热河温泉城欢喜过大年"的温泉春节惠民活动,一系列活动,让游客欢乐不断,年味满满。

项目作业
分析提示

请根据所学知识,结合材料分析承德温泉康养旅游产品的设计模式。

项目八

康养旅游产品设计的其他类型

项目导航

康养旅游产品的类型和内容非常丰富,除了本书重点介绍的中医药旅游产品、森林康养旅游产品、温泉康养旅游产品,还有其他类型,如运动康养旅游产品、乡村康养旅游产品、文化康养旅游产品、康养旅居产品等。这些康养旅游产品类型与前文所述具有交叉性和从属性,但因其鲜明的主题和独特的需求,具有一定的市场热度,因此有必要进行简要的介绍。

本项目主要介绍运动康养旅游产品、乡村康养旅游产品、文化康养旅游产品、康养旅居产品的内涵、产品开发策略及开发模式,学习者可以理解康养旅游产品因不同的主题性而具有各自不同的特征和组成内容。

学习要求

1. 掌握运动康养旅游产品、乡村康养旅游产品、文化康养旅游产品、康养旅居产品的内涵。

2. 掌握运动康养旅游产品、乡村康养旅游产品、文化康养旅游产品、康养旅居产品的开发策略。

3. 能够根据要求,进行运动康养旅游产品、乡村康养旅游产品、文化康养旅游产品、康养旅居产品开发模式分析。

4. 培养知行合一、知物由学的职业素养。

项目八 康养旅游产品设计的其他类型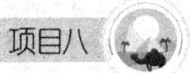

思维导图

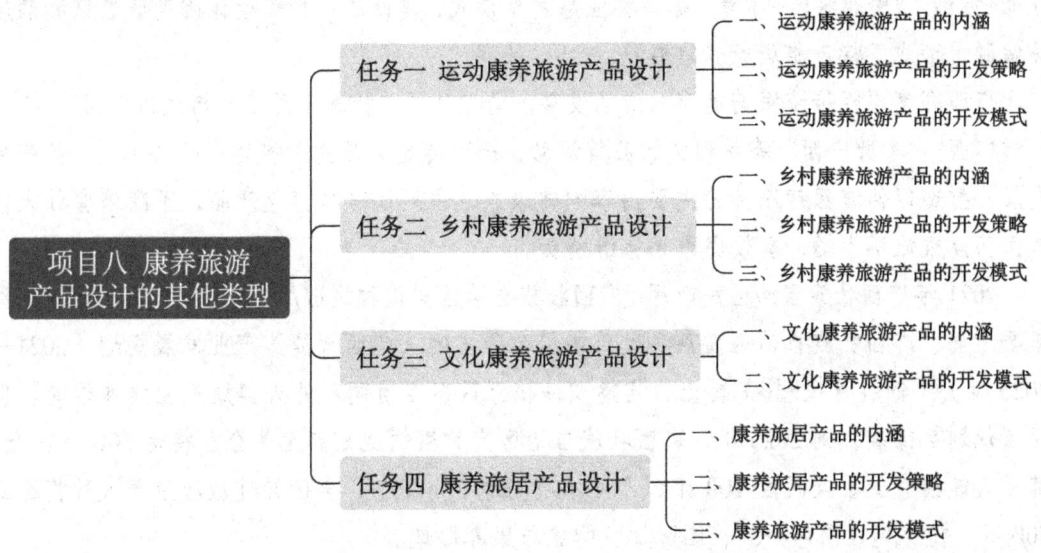

情境导入

广西巴马：唱响"长寿康养"品牌 建设国际旅游胜地

伴随着人们旅游观念和对健康需求的不断升级，康养旅游正受到越来越多的关注，也成为中国旅游市场近年来的新风尚。尤其是近年来，"康养+旅游"成为探索旅游创新发展的新思路。

在"世界长寿之乡"——广西巴马瑶族自治县，每年有10多万"候鸟"游客从各地纷至沓来，想在当地的青山绿水间享受生活的舒适安然，探寻健康长寿的秘诀。文旅康养是文化和旅游产业、健康养生养老产业等多业态的融合，是未来大健康产业发展的新选择。在火热的市场需求下，巴马正在以打造世界级健康旅游目的地为目标，积极推动巴马旅游由单一景区景点的观光游，向融合大健康的康养旅游转变。

目前，巴马已形成以盘阳河两岸为主线的旅游康养区，除了分布着百鸟岩、百魔洞、水晶宫等主要景点，还沿河打造了康养旅游精品民宿带。同时，当地将文化旅游与康养旅游有机融合，打造文化民宿、健康小镇、健康住宅社区、健康综合体、健康产业园等康养业态，举全县之力打造"百亿元文旅康养产业"。

丰富的传统医药资源、旅游资源和长寿养生资源为广西大健康、文化和旅游产业发展奠定了坚实的基础。广西壮族自治区文化和旅游厅原厅长甘霖表示，广西正着力构建西江中医养生旅游产业经济带、桂东北观光度假旅游产业经济带、北部湾边海休闲康养度假旅游产业经济带、桂西北长寿养生度假产业经济带、桂中民俗体验养生度假产业经济带五大健康旅游产业经济带，加快建成国内一流、国际知名的宜居康养胜地和世界健康旅游目的地。

近年来，桂林为丰富康养旅游产品体系，创新推出了"中医药特色体验+旅游""康复疗养+旅游""康养旅游+体育"等多种业态发展模式，建设了一批养生休闲度假景区和酒店民宿群，形成了特色旅居康养集群。

广西高度重视传统医药健康旅游的发展。通过开展"壮族三月三·相约游广西""广西人游广西""冬游广西"等系列文旅品牌活动，推进传统医药健康旅游产品特色化、品牌化发展，打造以传统医疗服务为主要内容的健康旅游主题线路和特色产品，不断培育壮大传统医药健康旅游市场，有效促进了旅游消费。

2021年广西壮族自治区民政厅、广西壮族自治区文化和旅游厅、广西壮族自治区卫生健康委员会、广西壮族自治区发展和改革委员会印发的《广西大健康产业发展规划（2021—2025年）》（简称《规划》）提出，构建"一核五区多点协同"的大健康产业发展格局。按照《规划》部署，到2025年，广西壮族自治区大健康领域重点龙头企业将达500个以上，建成大健康产业重点园区100个、产业示范基地3 000个，全区异地旅居康养人数将达到500万，初步建成国内一流、国际知名的旅居康养胜地。

任务一
运动康养旅游产品设计

任务导读

运动康养旅游作为体育旅游和康养旅游融合的新业态、新产物、新模式，同时兼具体育、旅游、健康、养老等健康生活新要素、新需求、新期待，对于普及健康新生活、传播健康新理念、引领健康新风尚、壮大健康新产业具有非常重要的意义。

一、运动康养旅游产品的内涵

在健康中国战略背景下，促进康养旅游和运动旅游融合，积极发展运动康养旅游，有助于促进体育、康养、旅游、文化、养生、中医药、养老等产业相互融合、相互促进，激活体育资源，催生新的产业，拓展休闲体育旅游和康养旅游的范畴。运动康养旅游适用于"未病""欲病""已病"等群体，健康人群、亚健康群体、老年人、病患者都是其消费对象。运动康养旅游既是体育产业的延展，也是康养产业的发展，代表着未来体育产业、旅游产业、健康产业和养老产业的发展方向，是旅游业、体育业、康养业供给侧结构性改革的重要方向。

综合《国家康养旅游示范基地标准》和学者关于康养旅游、休闲体育旅游的概念总结，本书认为，运动康养旅游产品是体育旅游和康养旅游融合产生的旅游新业态产品，以具有疗养因子的自然和社会环境为载体，运用"天地人合一"的整体观，针对"未病""欲病""已病"群体的体质、年龄差异，科学制订养生、养老休闲运动"处方"，对健康进行有效组织管理，使游客在旅游过程中身体、心智和精神都达到自然和谐优良状态的休闲度假旅游方式。

拓展：运动康养旅游内涵拓展

（一）运动康养旅游产品的目标是"关注生命"

区别于观光旅游和传统的度假旅游，运动康养旅游是健康养生养老方面衍生出来的深度体验，乃至享受。发展运动康养旅游的根本目的是满足人们日益增长的养生养老和幸福健康快乐需求，促进游客在旅游过程中达到健康养生养老的目的。

运动康养旅游的产品和服务应区别于惯常居住地的生产生活方式和观光旅游、传统度假旅游，更加注重让游客脚步"动起来"、身体"住下来"、内心"静下来"，推广"休闲运动的生活方式"，传播运动健身技能，实施"有效的健康管理方式"，既解决人们"养眼"的需求，又解决人们"养肺""养心"的需求；不仅关注人们生活质量的提高，更注重人们生命质量的提升，实现"活要活得健康""活得长还要活得有品质"。因此，它是休闲度假旅游的深度和广度的拓展，是"创造幸福的产业""制造幸福的产业""传递幸福的产业"。

（二）运动康养旅游产品的基础是强调"天地人合一"

人类的健康、长寿与自然地理环境要素有着非常紧密的联系。健康旅游和康养旅游的官方概念是由联合国世界旅游组织提出的，强调"利用该国的自然资源和卫生设施，特别是矿泉水和气候"发展旅游。世界著名的高尔夫运动起源地圣安德鲁斯小镇，也是依托海滨和优美的风景资源发展起来的一个运动休闲康养旅游目的地。运动康养旅游面向亚健康群体、老年人以及追求生命品质的健康人群。这决定了运动康养旅游的旅游地应具有独特的疗养因子和疗养功效。人们暂时离开居住地，置身于具有疗养因子的自然和人文环境，通过有针对性的、科学的运动处方，参加异于日常工作生活的休闲体育活动，充分调动视觉、听觉、嗅觉、感觉、味觉、触觉、想象、情感等因素，产生疗养、康养、养生等疗效，达到养生养老、强身健体、延年益寿、疾病治疗、释放压力等养生养老目的。

（三）运动康养旅游产品的载体是"健康管理"

运动康养旅游如何在具有疗养因子的旅游地，实现旅游者生命质量的提升目的呢？国外康养旅游十分注重健康基础设施及健康服务项目。通过娱乐健体和修身养性等手段，促使游客达到和谐健康状态。随着年龄的增长、生活方式的改变、工作生活压力的加剧，人体的许多器官会出现不均衡衰老、亚健康状态。因此，健康需要"管理"。"管"的最高境界是"治未病而不治已病"。"管"的内涵是积极主动预防，保持或实现"未病"；"病了"再"管"，是悬崖勒马、临渴掘井，况且有些疾病特别是慢性病不是长期服药能够治疗的，医院反而是补救性、辅助性的治疗途径，到具有疗养因子的旅游地，科学的运动、营养的膳食、积极的态度、运动技能的习得等成为关键性、保障性的治疗方式。

在具有疗养因子的旅游环境下，运动康养旅游发挥养生养老最大功效的载体在于体育、休闲、运动与养生、养老的有机融合。针对"未病""欲病""已病"体质差异、老中青年龄差异等，通过科学制定个性化、量身化服务，开出养生、养老运动休闲"处方"，推广积极有效的运动养生生活方式，融入传统养生文化、中医药养生、儒释道养生、饮食文化养生等休闲养生元素，运动科学、传统体育运动等体育元素，现代医疗、"治未病"等健康管理方法，对健康进行有效管理和干预，达到预防和治疗疾病、增强体质、机体康复、医疗保健、美颜美容、修身养性、延年益寿，实现改善、增进和保持游客身体和心理健康的目的。

拓展：运动康养旅游的特征

二、运动康养旅游产品的开发策略

（一）发挥环境疗养融合休闲体育的最大价值

人是自然地理环境、生态系统、社会文化的组成部分。《黄帝内经》指出："人生于地，命悬于天，天地合气，命之曰人，人能应四时者，天地为之父母。"人类通过新陈代谢、信息传递与周围自然和社会环境不断进行着物质、能量和信息的交换，并反过来作用于人的身体和心理，进而实现人的健康、长寿和提高生活质量、生命质量。充分挖掘自然环境和人文环境的疗养因子，利用自然疗养因子的预防治疗保健功能和文化的陶冶情操、怡养性情的养生功能，开发日光浴、森林浴、避寒游、避暑游等自然休闲养生旅游项目，并将疗养因子与休闲体育运动项目科学搭配、有机组合，针对不同人群的体质、健康状况开发套餐，发挥自然环境、养生文化和休闲体育运动对人体养生、养老的复合叠加作用，强化1+1>2的养生、养老功效。

（二）突出传统文化融合休闲体育的品牌特色

5 000多年来，我国创造和积淀了丰富多彩的养生养老文化、经典、技艺等，也形成了博大精深的养生养老文化，这些为康养旅游的发展提供了取之不竭的资源，是我国康养旅游特色的文化宝库。深入挖掘游客的养生、养老诉求，结合资源禀赋，大力传承、发扬和创新中国传统的养生文化内涵，以特有的中医药养生观、儒释道养生观、中华饮食文化等为着力点，挖掘地方饮食养生文化，拯救各民族民间传统和乡村农味农趣运动项目，讲好自然和人文故事，建设有温度、有健康保障、有乡情忆乡愁的康养体育运动文化品牌，提供一站式的全程养生、养老产品和服务，让游客达到深度的文化体验，提升运动康养旅游的文化内涵和持续竞争力，达到养眼养身养心、天地人合一的全方位养生、养老功效。

（三）实现医养结合融合休闲体育的核心目的

建立医养结合融合休闲体育的健康标准运动康养旅游的核心目的是养生、养老，重视生命健康。改善、保持并提升身体和心理健康，实现治疗疾病、修身养性、康复治疗、预防疾病、延年益寿、美容美颜等目的，突出医养结合，养是基础、医是保障，需要传统的、现代的养生观、保健理念和医学、运动学、心理学等提供科学依据、标准和途径。既要利用自然环境疗养因子，又要传承传统的熏蒸、拔罐、针灸、药膳、推拿等中医理论，太极、武术、气功等方法，儒释道家的修身养性理念，同时还需要现代医学、心理学、健康学、运动学等科学支撑，突出医养游结合、以人为本、科学运动、科学养生、科学养老。根据不同自然疗养因子的特性，针对不同的疾病、体质，制订治疗方案，推广休闲体育运动"处方"，整合医疗、护理、康复、生活照料、精神慰藉等各类服务，建立和完善特有资源禀赋条件下的养生、养老相关标准，制定产品和服务规范，创新和打造真正匹配游客需要的高品质的运动康养旅游产品和服务，开启关注生命健康的心灵旅程，让游客有品质、有质量地旅游和生活。

三、运动康养旅游产品的开发模式

案例：德阳绵竹"体育+旅游"成为乡村发展新增长极

（一）器械运动康复模式

器械运动康复类旅游产品是"体育""医疗""旅游"的结合，主要依托科学的医疗康复知识和专业的康复训练设施设备，针对骨骼肌肉系统损伤、骨科术后患者、慢性病患者及其他亚健康人群开展的器械康复、徒手康复运动等，从而修复运动损伤，恢复正常的运动机能，属于补救性、辅助性、长期性的治疗途径。如每年国家女排队每逢大赛前经常去宁波北仑集训，在设备一流的恢复室、水疗室舒缓筋骨，康复体能，为比赛做好充足的准备。

（二）传统运动康养模式

传统运动康养类旅游产品主要是以"天地人合一""道法自然""返璞归真"的健康观念

为指导，以传统的养生观、中医理论、保健理念和医学、运动学、心理学知识为科学依据，充分运用山川、湖泊等自然疗养因子，通过太极、武术、气功、八段锦等方法和儒释道家的修身养性理念，来达到健康养生、强健体魄的目的。太极拳能改善呼吸机能、心血管功能、人体的免疫机能，增强人体的肌肉力量，增加人体的关节活动度，改善人体的平衡能力。此类运动重视意守、调身和动形的协调统一，以养精、练气、调神为健身运动的关键点。

（三）娱乐运动康乐模式

娱乐运动康乐旅游产品主要建立在生态优美、交通便利的运动产业集群项目中，通过设计主题化的场景和趣味化的特色活动来吸引旅游者参与，并植入当地的历史文化和民风民俗体验，主要针对热爱运动、追求新鲜刺激体验的人群。如箭术、骑术、山地越野、山地滑索、丛林探险、真人CS、高空滑翔、攀岩等各色活力运动。例如，新西兰皇后镇拥有优质的天然地理资源如峡湾、激流、高山、湖泊等，依托这些资源开发了惊险刺激的活动，有"户外活动天室""世界冒险之都""寻求冒险者的麦加"等美誉。这里也是商务喷射游艇、高空弹跳的诞生地，游客通过体验重力加速度带来的冲击和超速快感，享受刺激运动的乐趣，释放内心的压力、调节压抑的心情。

（四）休闲运动康体模式

休闲运动康体旅游产品主要依托山地、峡谷、水体、田园等地形地貌及优良的自然资源，发展山地运动、水上运动、户外拓展、户外露营、户外体育运动、徒步旅行、农事体验等户外康体养生产品，主要包括滨海休闲运动旅游、冰雪休闲运动旅游和山地户外运动旅游三大类。目的是通过环境与休闲运动的综合作用，有效地改善人体健康状况，提高人体免疫功能，有效抵抗疾病、延年益寿。例如，土耳其卡帕多奇亚依托奇特的喀斯特地貌和热气球观光旅游的火热潮流，深度挖掘低空飞行热气球运动，以休闲运动为核心，打造世界级的休闲运动康养旅游小镇；法国沙木尼体育旅游小镇被誉为"户外爱好者的乐园""滑雪者的天堂"，其山地户外运动多样，勃朗峰、大乔拉斯峰拥有 5 000 多条攀岩路线和众多的攀冰、登山路线，可以进行登山、高山滑雪、高山滑翔伞、溪降、攀冰、滑冰、冰球、高山自行车等高山运动项目，以及山地救援、登山向导等服务。

案例：国庆游邛崃|运动康养两不误，这条旅游线路心动就安排

任务二
乡村康养旅游产品设计

任务导读

我国地域广袤，乡村地域面积占一半以上。相较于城市发展，乡村地域物产丰富、风景秀丽、文化深厚，具备吸引城市居民娱乐游憩、放松身心和发展乡村康养旅游的条件。挖掘乡村资源，开发乡村康养旅游产品，不仅能够满足城市居民的康养需求，同时也能促进乡村产业转型升级，建设美丽乡村，提高乡村居民的收入水平，是全面推进乡村振兴的重要引擎。

一、乡村康养旅游产品的内涵

我国乡村地区地域广袤，物产丰富、风景秀丽、文化深厚，拥有优越的康养环境和资源，是发展乡村康养旅游的重要载体。现阶段，结合乡村振兴战略契机，将健康养生元素融入乡村地区旅游业发展，把休闲、养生、健康贯穿乡村旅游的"吃、住、行、游、购、娱"各环节，是促进乡村康养旅游发展的首要措施，乡村振兴战略和乡村康养旅游的发展在乡村发展过程中相互促进。

乡村康养旅游产品，是一个以健康产业为核心，以田园为生活空间，以农作、农事、农活为生活内容，结合健康疗养、医疗美容、生态旅游、文化休闲、体育运动等多种业态，集养老养生、回归自然、享受生命、修身养性、度假休闲、健康身体、治疗疾病、颐养天年等多种功能于一体的旅游体验。其内涵主要体现为三个方面：其一，是城市居民跨地域、短暂性获取服务和体验的过程；其二，是城市居民回归自然、放松身心的康养方式；其三，以乡村地域的自然和人文为载体和内容。

拓展1：乡村康养旅游内涵

拓展2：乡村振兴战略背景下乡村康养旅游发展研究

乡村康养旅游产品的四个属性。

一是乡村性。乡村康养旅游产品区别于城市康养产品，需要从乡村环境方面入手，所以良好的生态条件和气候条件是乡村康养旅游产品成功发展的基础。通过发展生态体验、养生度假、森林养生、避暑养生、温泉养生等多种业态，打造乡村康养产业体系。在此基础上，结合地方特色如宗教文化、温泉资源、长寿文化等形成具有特色的乡村康养产品。

二是生产性。乡村康养旅游产品以农业生产、农村经济活动及农业生产活动为主要内容，需要硬件设施和软件环境的共同支撑，而且主要通过农业生产和农村经济活动达到养生目的。

三是养生性。乡村康养旅游产品应该是以健康产业为主体，通过不同的业态、项目和产品进行呈现，延伸休闲农业、乡村度假、健康食品、户外运动等产业，使人们达到回归自然、享受生命、修身养性、度假休闲、健康身体、治疗疾病、颐养天年的目的。

四是产业性。乡村康养旅游产品的特点和目的决定了其要将健康疗养、医疗美容、休闲度假、体育运动、健康餐饮等业态相结合，在这些业态的背后需要医疗、交通、农副产品生产加工、体育器械、食品药品等多种产业的支持，外围产业广阔，因此其发展规模通常较大。

拓展：康养+田园，给乡村旅游注入新活力！

二、乡村康养旅游产品的开发策略

（一）景观资源——以静养生

乡村景观经过悠久的历史演变，山、水、生物等风光展现了"天人合一"的精神本质，和谐的景观通过视觉给人以美的享受，使人的心灵受到美的熏陶，产生与自然融为一体的感觉，进而沉淀浮躁与喧嚣，释放郁闷与压抑，调节机体的免疫系统，起到养生、保健、治疗的作用。

（二）空气资源——以气养生

空气中的负氧离子具有养生功能。现代科学证明，当负氧离子浓度达到每立方厘米4 000个时，可以满足人类疾病预防及治疗和健康长寿的要求。富含负氧离子的空气可以与其他活动一起，形成特色的养生产品。

（三）农耕活动——以动养生

"以动养生"是我国古人们在长期的生活实践中逐渐形成的朴素的养生观念。原始农耕，可让人们体验古老农耕文化，感受对天地的敬畏之情；农场租赁，可利用都市人闲暇时间修身养性；科技农场，让人们在农业科技的魅力中得到养生锻炼。

（四）人文资源——以和养生

乡村人文资源包括乡村文化、民间习俗和传统节庆等。乡村人文资源是乡村在悠久的历史发展中逐渐形成的人与人及与天、地和谐统一的相处方式，展现乡村悠久和谐的整体面貌，是以和养生的基础。乡村的生活习惯、民俗活动以及对自然的敬畏思想等，都是养生的人文资源，让游客参与乡村丰富多彩的民俗艺术，让乡村的人文活动陶冶游客身心，实现乡村养生与传统文化传承的双赢。

（五）饮食资源——以食养生

饮食是生命赖以存在的物质基础，《黄帝内经》《太平圣惠方》中的很多篇章都有关于饮食对健康和疾病产生影响的论述。乡村的"以食养生"主要体现在时令养生和有机养生两个方面。时令养生指根据季节，注重"春生、夏长、秋收、冬藏"的不同养生之法，坚持"不时不食"的理念；有机养生则是指由乡村提供的绿色、无污染食材构建的养生食品。

（六）环境资源——以睡养生

良好的环境有助于人的睡眠，而睡眠与人体健康有密切的关系。清代李渔说："养生之诀，当以睡眠为先。"（《笠翁文集》）莎士比亚把睡眠称为"生命宴席"上的"滋补品"。城市睡眠环境和乡村睡眠环境有很大差异，乡村中的各种声音构成了一首美妙的催眠曲，人们更容易养成健康的生物钟，进入深度睡眠，进而实现"以睡养生"的目的。

拓展1：做好乡村康养旅游的大文章

拓展2：以休闲农业与乡村旅游为引擎 全面推动乡村振兴

三、乡村康养旅游产品的开发模式

（一）乡村生态康养旅游模式

生态康养正成为我国康养产业的新"风口"，生态环境优良的乡村地区是发展"生态+康养"典型模式的重要领地。

2020年6月1日，我国首部生态康养国家级标准《生态康养基地评定标准》发布实施，为乡村生态康养旅游提供了实践依据。充分利用各地乡村的自然生态资源，积极挖掘乡村森林、土壤、气候、物候等条件的康养功能，打造生态康养景观，配套各种生态康养设施，为康养消费者提供田园游憩康养、乡村生态养生、自然疗养等生态康养旅游产品，形成农家乐模式、主题农庄模式、休闲牧场模式、产业园模式等，由观光、体验、游憩、度假、研学、康养等多种功能构成。

（二）乡村运动康养旅游模式

近年来"运动+康养"项目成为很多地方推崇的旅游产品，在乡村地区康养产业与运动产业的融合具有很大的空间。

首先，发展户外运动康养。自然生态环境优良的乡村空气质量好，是户外有氧运动的最佳选择，可以因地制宜地开展乡村徒步、溯溪、攀岩、野营等户外运动项目，还可引入户外拓展训练项目，满足旅游者运动健身的需求。

其次，建设专业康复设施。为骨伤病人、慢病患者、老人、亚健康人群、青少年等提供运动康复治疗设施。民族地区的乡村可利用丰富的传统民俗体育运动项目，为康养消费者提供体验和娱乐产品。乡村运动康养旅游模式适用于交通便捷、运动氛围好、具有特色民俗体育运动的乡村。

（三）乡村医疗康养旅游模式

医疗康养是康养旅游的主要形式。乡村医疗康养旅游主要以中医药康养、特色民族医药和食疗康养等为主。

中医药康养可利用乡村中草药资源、传统中医疗法及中医养生文化等，充分发挥道地中药材、针灸推拿中医治疗等资源优势，为消费者提供中医药养生、调理、美容、治疗等一系列康养服务。我国少数民族医药也极具康养价值，苗族、傣族、维吾尔族、藏族、彝族和蒙古族等少数民族有着灿烂的医药文化，尤以苗医和藏医久负盛名。这些民族地区的乡村可充分挖掘民族医药的康养旅游价值，为消费者提供健康养生、健康美容的医疗康养产品和服务。药食同源，以食代药，食疗在我国历史悠久，可充分利用乡村地区传统的地方膳食、药酒、药茶、素斋、绿色饮食等民间资源，打造食疗康养品牌。乡村医疗康养旅游模式适用于医药资源丰富、医药历史悠久、医药文化传承较好的乡村地区。

案例："长寿之乡"广西巴马康养旅游开启乡村振兴新动能

（四）乡村度假康养旅游模式

近年来，随着居游、游居、野行、旅居等新概念的衍生，乡村旅游逐步从观光式旅游过渡为度假式深度体验游。

乡村度假康养可满足不同人群的健康养生和休闲度假的双重需求。老年人偏爱旅居养老，在具备避暑、暖冬、自然生态优美的乡村长住一段时日，慢游细品，开阔视野，实现积极养老。民宿度假可为城市白领、亚健康人群等提供自由、悠闲、舒适的慢生活体验，乡村民宿度假康养对喜欢居游的人们来说是很好的选择。对于拥有山林、湖泊、湿地、滨海和温泉等自然生态资源的乡村，综合利用当地特色养生文化、农业资源和医疗资源等，建立温泉度假康养、湖泊湿地度假康养、海滨度假康养、山地度假康养等特色康养基地，促推乡村康养旅游的发展。乡村度假康养旅游模式适用于交通相对便捷、具有独特自然生态环境、基础设施较齐全、康养服务水平较高的乡村。

（五）乡村文化康养旅游模式

乡村文化康养旅游是以乡村传统文化底蕴为基础的文化驱动型康养旅游开发模式。在我国，相对封闭的各地乡村有着独具特色的传统文化，体现人与自然的和谐，如宗教文化、节气文化、传统农耕文化、饮食文化、乡野文化、民间音乐文化等，蕴藏着村民朴素的生活价值观，也寄托着城市人浓厚的乡愁。充分挖掘乡村传统文化资源，将乡村传统文化与康养相结合，打造乡村文化康养景观，塑造乡村文化康养品牌，为城市居民提供养生、养心、养性、养神等多重功能的康养旅游体验。乡村文化康养旅游模式适用于传统文化保持和传承较好、文化氛围浓厚、乡风文明民风淳朴的乡村地区。

（六）乡村游乐康养旅游模式

乡村游乐康养旅游模式最基本的特征是体验性，要注意以下三个问题：第一，它不是简单的城市游乐设施搬迁至乡村地域，一味地追求科技、现代等元素会造成水土不服，一定要结合乡村地域的基本情况，拥抱自然，以人为本。第二，乡村游乐旅游注重强化主题，突出特色。旅游产品的主题性是构成旅游吸引力的重要内容，明确清晰的乡村游乐旅游产品主题，会给游客以良好的导向性和趋向性。第三，对于乡村游乐旅游项目的开发和布局，应该有明确的主题和层次之分。形成乡村游乐以点带面、主次清晰、多点开花的开发模式，为不同年龄段的消费者提供不同的体验感。

思政小课堂

让乡村康养成为乡村振兴的"金字招牌"

2018年3月8日上午，习近平总书记参加十三届全国人大一次会议山东代表团审议时指出，要深刻认识实施乡村振兴战略的重要性和必要性，扎扎实实把乡村振兴战略实施好。

习近平总书记在讲话中提出"五个振兴"的科学论断,即乡村产业振兴、乡村人才振兴、乡村文化振兴、乡村生态振兴、乡村组织振兴。这是习近平总书记对实施乡村振兴战略目标和路径的明确指示,必将极大地推进乡村振兴工作。

以"五个振兴"为目标,习近平总书记制定了清晰明确的乡村振兴任务书和路线图——紧紧围绕发展现代农业,围绕农村一二三产业融合发展,构建乡村产业体系,实现产业兴旺;把人力资本开发放在首要位置,强化乡村振兴人才支撑;弘扬主旋律和社会正气,培育文明乡风、良好家风、淳朴民风;打造农民安居乐业的美丽家园,让良好生态成为乡村振兴支撑点;建立健全党委领导、政府负责、社会协同、公众参与、法治保障的现代乡村社会治理体制。

"五个振兴"其中一个就是产业振兴,乡村康养是生态振兴的主要内容,乡村康养产业既是绿色产业又是朝阳产业,既是健康产业又是富民产业,大有潜力、大有可为。党中央、国务院对康养事业高度重视,明确提出了健康中国、养老服务、医养融合、振兴中医药等国家战略,乡村康养是这些战略的重要组成部分。

乡村康养的健康发展必将围绕健康中国、乡村振兴等国家战略开展。发展乡村进一步挖掘和发挥乡村的多重效益、丰富"绿水青山就是金山银山"理念的内涵,以优化乡村康养环境、完善康养基础设施、丰富康养产品、建设康养基地、繁荣康养文化、提高康养服务水平为重点,推动乡村康养与养老、疗养、中医药等大健康产业融合发展,向社会提供多层次、多种类、高质量的乡村康养服务,不断满足人民日益增长的美好生活需要。

思政小课堂
分析提示

问题:如何理解乡村康养旅游是乡村振兴的重要组成部分?

任务三
文化康养旅游产品设计

任务导读

在健康中国战略背景下,人们对美好生活的追求从物质领域上升到精神领域,文化和康养两大产业的发展被放到重要的位置,根据"宜融则融,能融尽融"的发展理念,休闲康养和文化旅游的融合发展成为必然的发展趋势。

一、文化康养旅游产品的内涵

在人们物质水平日益提升和富足的时代，人们在闲暇之余更关注压力的释放、文化的共鸣和个人心灵的成长。文化康养旅游是康养旅游中的高端形式，旅游者一般具有较高的文化素养和精神追求，或者具有忠实的宗教信仰，其旅游旨在净化心灵、提高精神境界。这类产品主要以人文康养旅游资源为主、自然康养旅游资源为辅，使旅游者置身于具有某种意境的环境中，配合适当的引导，让旅游者自觉或不自觉地感受万物、思考人生，从而得到心灵上的升华和精神上的超脱。其内涵如下。

（一）文化旅游助力康养产业升级

随着近年来旅游的迅猛发展，大大小小的文旅产业大量兴起，旅游业态和产品也在持续丰富，"文旅+康养"的模式打造新产品、新业态，推动着康养产业实现结构升级。2019 年，四川、重庆、湖南、云南多个省市陆续签约康养文旅项目，数量高达 12 个，总签约金额近 650 亿元。伟光汇通旅业公司分别与重庆涪陵区签约北山国际文旅康养度假区项目、与四川井研县签约研溪古镇项目，按 5A 级标准打造集文化休闲、生态观光、康养度假于一体的旅游度假区和集"文化休闲、生态旅游、康养度假"等功能于一体的古镇，这是文化旅游产业助力康养产业升级的有力证明。

拓展：文旅康养及文旅康养产业发展重点

（二）文化旅游提高康养产业的品质和内涵

优美的自然旅游资源与丰富的文化生态，既是发展文化旅游的必要条件，又是打造优质康养基地的良好基础。在中国的文化基因中，将"养生"与"养心"融为一体，以"养心"为本，是中国康养产业发展的文化前提。整合当地特色文化资源、旅游资源，开发特色产业园、文化体验等康养旅游产品和服务，有助于康养产业链条的延伸，创造品牌优势。从提升产业附加值角度看，文化旅游有助于推动康养产业的内涵式发展。一方面，康养产业可从饮食、宗教、节庆等旅游资源中挖掘文化资源；另一方面，文化产业也可在旅游、演艺、体育等行业中凸显康养理念。

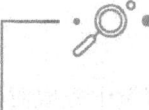

拓展 1："文旅+康养"产业如何做加法？

拓展 2：文旅融合焕生机 全力打造全域旅游康养产业

二、文化康养旅游产品的开发模式

（一）文化养生型康养旅游产品

在全民旅游和大健康时代，旅游需求聚焦美好生活成为发展趋势，可依托国学养生文化、佛教、道家养生文化、中西医养生文化和艺术养生文化等人文养生资源，开发养生书院、养生禅院、养生讲堂、养生博物馆、养生展览馆、养生文化学习班及研修班等康养旅游产品，重在向游客普及养生文化和养生知识。此外，可依托自然和人文资源，开展瑜伽、禅修和冥想等心灵康养活动，以及茶艺、茶道、棋牌、观影、舞蹈、摄影和阅读等休闲文化养生活动，让游客在文化熏陶下提升自我。

案例：大青城文旅康养深度融合，奏响世界级休闲旅游胜地新乐章！

（二）观光游憩型康养旅游产品

我国旅游资源文化底蕴深厚，可重点开发一些以自然环境、景观设计和游赏服务设施为核心要素的各类疗愈花园、森林健康步道、五感花园、中医景观文化园和湿地观景长廊等，提高康养旅游内涵和品质，从而增强康养消费吸引力；另外，一些濒临没落的文化旅游资源通过康养产业可以得到科学开发和利用，有助于对文化旅游资源的保护和传承。例如，我国的一些极具地域特色的地方民俗文化、传统饮食文化、宗教文化、孝文化、节事文化活动等，就可以在康养产业发展过程中进行融入和渗透，包含文化旅游内涵的康养产品能够更好地满足康养人群追求美好生活品质的需求。

（三）宗教朝圣型康养旅游产品

可依托宗教教徒的忠诚信仰观念，打造修身养性的朝圣康养之旅，从旅游中完成对世俗既有生活的脱离，获得内心的平静和精神上的放松与慰藉。如灵山拈花湾小镇以佛教文化为核心，深入挖掘"佛祖拈花一笑"的典故，拓展禅境观光、禅意休闲、禅心度假、禅农体验、禅修康复、禅游时尚、禅学培训等禅文化主题特色，打造禅意主题商业街区（香月花街）、度假物业区（竹溪谷、银杏谷）、高端禅修精品酒店区（鹿鸣谷）、论坛会议中心区（禅心谷）及胥山大禅堂。通过一花一木、一物一景，打造东方禅意度假胜地，通过文化体验和休养游娱来释放压力、缓解焦虑。

任务四 康养旅居产品设计

 **任务导读**

相对于走马观花式的旅游和大城市的快节奏生活，康养旅居可以让旅游者在一个城市停下来慢慢寻味，调节心情、颐养心境。它融合了生活、康养、旅游等多种功能，将传统生活模式、旅游度假、康体疗养有机地结合起来，满足了人们对丰富精神文化生活的渴望以及对健康身体的追求。

一、康养旅居产品的内涵

旅居，指暂时客居在外地或外国。其中，"旅居者"这一社会学概念，是由芝加哥华裔学者萧振鹏围绕西方移民研究提出的，其将旅居者界定为"一个在另一个国家度过多年但没有被同化的陌生人"。随着后续研究的深入，旅居群体以"驻客"身份常出现在社会地理学和游憩地理学领域。近年来，由老龄人口、亚健康人群以及追求优质生活群体构成的康养者，通过主动客居、卖房迁居、乡村旅居、换房养老等形式，依托益养乡村、特色民宿、长租公寓等载体，将旅游度假和居住生活有机契合，在提高生命质量的同时，追求休闲常态化与旅游生活化无间相融的生命状态，以寻求"诗意地栖居"。

康养旅居是一种"稍长的旅行"，以移居休闲形式达成维持身心健康的核心目标，究其本质，是短期的享受型异地养老和健康长促型长宿休闲的复合，在一定程度上阐明了康养活动依赖高标准化环境要素，也凸显了旅居群体为维持生命体征而采取的暂时性生活方式。旅居活动侧重嵌入度假社区，并接触当地的社群生活，以追寻日常生活空间体验，从而达成丰富生活经验、提高生命质量的需求。可见，康养旅居明显表现出"生活"重于"旅游"的特征，这暗合了康养族群旅居式深度嵌入当地以享受宁静生活的追求。

本书认为，康养旅居产品是旅游度假和居住生活的有机契合，旅游者为追求生活方式体验而依托优越的生态益养环境，以协调身体、心智和精神的自然和谐为导向、连续栖居的休闲养生、康体度假、生态疗养、养老保健等系列旅游活动。其特征如下。

拓展1：康养旅居养什么？如何养？在哪养？

拓展2：康养旅居，最时尚的养老方式！

（一）生态良好的气候资源

春夏秋冬，严寒酷暑，天南地北，每个季节都有最适合旅居康养的地方。旅居具有显著的"候鸟"特征，出行的主要动机就是旅居目的地的优质气候资源，包括舒适的环境温湿、清新的空气、清洁甘甜和有利于健康的饮用水，还有优美的景观，如瑞士达沃斯小镇，得益于其优越的旅居环境，其海拔高、四面环山，山坡遍布茂密的森林，空气干爽清新，是各种肺病患者最佳的疗养地。同时，还包括旅居目的地以及周边景观、景区、景致、景色的整体协调和良好程度，如重庆黄水民俗生态旅游度假区，以"土家风情+绿色生态+历史文化"为核心吸引点，打造高端森林假日酒店群、主题度假游憩娱乐区、康复医院、生态休闲运动公园等康养旅游项目，是重庆旅游的名片。

（二）快行慢游的交通区位

优质的旅居康养基地选址通常区位优势明显，机场、火车站等大交通可以直达，将大大减轻客户的身心疲劳。完善的配套设施设备将让旅居康养无后顾之忧。由于旅居时间长，配套的客房、医疗、康体、娱乐、餐饮、购物、出行及照护等同样成为旅居康养客户选择评估基地的重要指标和入住依据。比如，一些适当的适老化设施的完善与增加，就可以让旅居康养客户安心、舒心、放心。而真正能够打动客户的还是基地规范贴心的服务。由于旅居群体年龄段的特殊性以及身处异域他乡的茫然，规范的旅居接待服务体现在接待的每一个细节和产品的设计上，人性化的规范服务会满足不同层次旅居康养客户心理和精神需求。

（三）配套完善的产业复合

发展康养旅居产业，不仅需要旅游地具备生态环境优美、交通便捷、气候宜人等原生条件，更需要覆盖功能完整的全产业系统，使旅游者"留得下来""住得舒心"。因此，康养旅居是多产业汇聚而成的旅游新业态、健康新业态，有综合性、融合性、复合性等特点。当然，产业的联动作用是相互的，康养旅居的兴起也带动了旅游地的护理、餐饮、医药、老年用品、金融、旅游、教育等多产业的共同发展。如河北廊坊的108梦想部落会员康养基地来康郡，由文化、健康、旅游、置业和农业五大领域共同打造成"居家健康服务体验+康乐旅游"目的地，分为康乐旅游综合体、长者会员社区、中国·固安国际健康中心、农业文创景区、上水颐园五大板块，为旅游者提供"旅居+康养"一站式的高品质服务。

拓展：康养旅居发展因素解读

二、康养旅居产品的开发策略

（一）因地制宜，对康养旅居产品进行多元化开发

康养产业是对自然资源和环境依赖性较强的产业，可以根据自身环境和生态优势进行定位和开发，做好相关自然资源和生态环境保护。如果无明显的资源优势，可以通过旅游文化的复制功能植入特色，进行以健康养生、休闲度假养老等健康产业为核心，开发休闲农业、医疗服务、文化体验、体育锻炼等多功能相配套的产品，进行旅居养老产品供给侧结构性改革，构建养老服务的多元供给体系，提供产品丰富、结构合理的服务，但也要尽量避免同质化产品和服务现象发生。

（二）设计个性化产品，提升康养旅居的消费品质

根据不同生命周期的人群设计不同的类型服务或产品是提高康养旅居消费品质的有效路径，健康生命周期内的消费人群需求主要以精神的升华与享受为主。康养旅居就是利用旅游这一精神享受的重要形式，成为这类消费者健康导游和健康管理助手，使这类消费者兼顾工作与生活，获得精神的享受，减轻心理压力，提高生命生活质量与工作效率。例如，当今患心脑血管等慢性非传染性疾病老年人口众多，康养旅居可发挥健康管理团队的强大功能，为老年消费人群提供用药提醒与指导服务、紧急情况救助服务。康养旅居发展关键在于健康管理队伍的运营，通过给予消费者物业及健康管理服务，为消费者提供健康生活保障和精神支持。

（三）提升康养旅居的专业化服务水平

在人们追求更高的生命生活质量的形势下，健康管理与服务存在明显的供不应求的问题，而解决当今这一社会问题的关键就是运用健康管理队伍的辐射作用，满足更多消费者对健康管理与服务的需求。康养旅居项目中的健康管理是指在医患之间建立一种临时性接纳关系，即医疗健康专家与助理为消费者的健康生活出谋划策。健康管理内容包括为消费者提供疾病预防或康复方案、健康膳食指导、运动指导等，目的是让消费者以健康者的身份接受医疗救助，防止消费者精神压力增大而降低健康指数和生活质量。

案例：当康养遇上旅居 看泰康之家度假酒店如何满足多元需求

（四）完善康养旅居整体化运营体系

以市场化开发为主导，确定开发主体、开发思路和模式、招商及运营模式等，形成系统化的运营管理流程和体系，并借助"互联网+康养旅居"，将互联网的创新成果融入康养旅居产业，以互联网思维主导运营，升级优化康养旅居服务管理运营模式，强化定位功能，建立并完善各类信息平台，构建以消费者需求为中心的康养旅居网络服务平台，通过大数据可视系统，实现服务场景和主体全时联通，构建智慧康养旅居新模式，推进健康产业链高效发展，同时实现旅居康养产业的经济效益增长。

三、康养旅居产品的开发模式

拓展：旅居康养+医疗康养+康养旅游 大健康产业的发展趋势

（一）候鸟式康养旅居

候鸟式旅居养老是我国发展最早，也是最主要的旅居养老模式。它依托山林、湖泊、滨海和温泉等各类自然生态资源和不同季节舒适的气候条件（如阳光、温度等），让人们到环境优美、气候宜人的地方进行暖冬疗养、夏季避暑，到风景秀丽、远离城市喧嚣的地方进行康养旅居。旅居地在满足康养消费者对特殊环境和气候的需求的条件下，会配套健康、度假、养生、养老等相关产品和服务。

候鸟式康养旅居主要分为三类：一是暖冬康养旅居。冬季的南方城市因独特的地理位置而具有舒适的气候条件，到温暖的南方过冬逐渐受到北方老年群体的追捧。如以海南岛、云南昆明为代表的冬季疗养基地。二是夏季避暑旅居。夏季的北方部分滨海城市以及城市周边的山川河流，空气清新、温度适宜，非常适合夏季避暑旅游，如承德避暑山庄。三是景区康养旅居。景区康养旅居是指到山水疗养基地、森林疗养基地、温泉疗养基地等进行旅居的生活方式。在风景秀丽的景区旅居，能够远离城市的喧嚣，舒缓压力，消除紧张情绪。

（二）疗养式康养旅居

随着年龄的增长，老年群体的身体机能开始下降，对医疗护理的需求越来越高。我国人口老龄化的加速，也加快了医疗卫生和养老服务的融合发展，产生了以养老为主的疗养式康养旅居模式。

疗养式康养旅居主要分为三类：一是中医养生康养旅居。中医养生康养旅居以我国传统养生哲学、中医药疗养技能为基础，开发中医诊疗室、中医理疗中心、药膳养老会所、中草药种植园、农事体验等中医旅居养老项目，并提供包括中医养生知识讲座、中医医疗、中医文化博览园等服务。二是西医护理康养旅居。西医护理康养旅居是以大型医院先进的医疗技术、雄厚的医疗资源和专业化的医疗服务为依托，为旅居者提供的包括身体健康检查、健康咨询、医疗护理、康复训练等多个领域立体化服务的康养服务体系。三是美食养生康养旅居。美食养生康养旅居是以食疗养生和饮食文化为核心，打造集养生药膳、素斋、绿色有机食品、养生茶汤等多种膳食于一体的康养服务模式。总体而言，疗养式康养旅居的特点是成本较高、专业技术性强。

（三）文艺式康养旅居

文艺式康养旅居模式主要分为三类：一是古城古镇康养旅居。古城古镇康养旅居依托古镇特有的文化资源、历史遗址和非物质文化遗产，将历史古迹、旅游产业和养老服务结合起来，开发具有历史文化特色的旅居养老项目。二是民俗民风康养旅居。民俗民风康养旅居以地方特有的民族风情、节庆、习俗、食俗为基础，打造具有独特氛围和节日庆典色彩的旅居养老服务项目。三是宗教禅修康养旅居。宗教是文化的重要载体，是人的精神寄托。随着我国经济社会的发展，人们的物质保障极大丰富，对于精神信仰的追求不断提高。因此可依托宗教特色、以国家政策为依据，开发以佛学院、山水禅寺、养心阁等为基础的多样化的宗教养心旅居养老项目，满足人们参与文化体验、修身养性、陶冶情操的康养需求。文艺式康养旅居的特点是，对旅居者的整体素质和文化层次要求较高。

（四）田园式康养旅居

田园式康养旅居指的是以农家乐、乡村绿色田园景观、农事娱乐体验、特色风土人情为依托，以满足人们休闲度假、亲近自然、养心愉悦为目标的旅居康养产业模式。

近年来，随着我国大力建设社会主义新农村，农村地区基础设施不断完善，为田园式康养旅居模式提供了发展契机。如上海市崇明岛农家康养项目和浙江天目山农家康养项目，在发展乡村经济、促进城乡协调发展方面做出了重要贡献。同时，田园旅居康养不仅可以观光、采摘和食用乡村原生态绿色瓜果蔬菜，还可以体验农乐，了解乡村田园生活，享受乡土情趣，带动其他产业的发展。一般来说，中低收入老年群体首选这种亲近自然且价格低廉的田园旅居康养方式。

（五）社区式康养旅居

社区式康养旅居是"养老+地产"相结合的概念，并逐渐成为近年来我国房地产市场发展的重要趋势。社区式康养旅居通过构建包括住宅区、学校、购物中心、酒店、医院、休闲娱乐、餐饮等多种业态，形成一个综合性强、覆盖面广的养生产业链，从而为旅居者提供多样性、多功能的康养服务。社区式康养旅居一般在我国北上广深等大城市发展迅速，但大部分社区式养老地产仅仅停留在概念层面，或者只提供住宅区等单一功能，缺乏专业的康养人才、产品和服务。因此，该模式的特点是综合性较强，面向的群体范围广，但对基础配套设施和服务要求较高，需要大品牌、资金实力强的开发商进行投资建设、资源整合和管理运营。

项目思考

1．如何理解运动康养旅游产品的内涵？
2．运动康养旅游产品开发策略有哪些？
3．请举例说出运动康养旅游产品的开发模式。
4．乡村康养旅游产品的内涵是什么？有哪些属性？
5．请简述乡村康养旅游产品开发策略和开发模式。
6．文化康养旅游产品内涵包括哪些内容？
7．如何策划文化康养旅游产品？
8．康养旅居产品的特征是什么？
9．康养旅居产品的开发有哪些注意事项？
10．寻找某区域运动康养旅游产品、乡村康养旅游产品、文化康养旅游产品、康养旅居产品资源，分组设计一款相关康养旅游产品，并在班级分享交流。

项目作业

从旅游到旅居，康养旅游开启新场景

随着人们的健康需求和旅游观念的不断升级，康养旅游受到越来越多的关注，成为中国旅游市场的新风向。三亚、海口、丽江、南京、北京、杭州、桂林、重庆等地成为康养旅游热门目的地。

从旅游到旅居，康养主题受宠

随着健康理念日渐深入人心，多种类型的康养旅游受到人们喜爱。途牛度假产品研发负责人介绍，目前康养旅游产品涵盖了避寒、避暑、运动健身、休闲度假、养老养生、历史文化等多种功能主题，各年龄层的游客都可从中找到适合自己的方式。在"丽江+香格里拉+梅里雪山自由行"线路中，年轻游客可入住梅里雪山雪景房、徒步穿越明永冰川、漫步森林公园、观景日照金山，感受一场解压之旅；在"南宁+巴马+德天瀑布+北海涠洲岛"线路中，中老年游客可以探访世界著名长寿之乡巴马、泛舟百鸟岩感受水上芦笛岩的光影变幻、漫步北海银滩和原生态火山岛屿，享受悠闲的慢生活。

多地竞相布局康养旅游

康养旅游实现了从旅游到旅居的转变，人们在异地开启健康生活的新场景。

海口标志性的"火山温泉游"以温泉文化为主题，结合各类创新体验活动，全面满足游客休闲娱乐、疗养度假的需求，已成为当地康养旅游的名片。后续还将推出如生态挥杆高尔夫、帆船帆板体验、万年火山深呼吸、中医健康理疗等一系列特色健康游产品。

重庆市巫山县打造巫山云雨生态康养旅游度假区，同时深入探索"康养+旅游""康养+农业""康养+文化""康养+医疗""康养+运动""康养+研学"等融合发展新模式。

广西巴马瑶族自治县依托其独特的资源优势和生态环境，形成了以盘阳河两岸为主线的旅游康养区，沿河打造了康养旅游精品民宿带。

康养旅游线路各具特色

最近，多地相继推出康养旅游精品线路，吸引更多游客感受别样的健康之旅。江西省推出"医养福地"医疗康养之旅、"暖冬泡泉"温泉康养之旅、"清新'森'呼吸"森林康养之旅、"嘉游一夏"避暑康养之旅、"律动山水"运动康养之旅、"崇文养心"文化康养之旅等六条康养旅游精品线路；四川都江堰首发三条中医药康养旅游线路，涵盖自然天养、运动养生、酒店康养三大主题；贵州百里杜鹃近日推出包括"九百金康养观光二日游""双百康养一日游""百里杜鹃身心疗养一日游"三条康养线路。

请根据所学知识，结合材料讨论分析其中康养旅居产品的内涵。

项目作业
分析提示

参考文献

[1] Butler, R. W. The concept of a tourist area cycle of evolution: implications for management of resources. Canadian Geographer, 1980, 24(1), 5-12.

[2] Nathaniel A Lifton, Clement G Chase.Tectonic, Climatic and lithologic influences on landscape evaluation dimension and hypsometry: implications for lands cape the San Gabriel Mountains, California[J]. Geomorphology, 1992, 5(1-2): 77-114.

[3] Mueller H, Kaufmann E L. Wellness tourism: Market analysis of a special health tourism segment and implications for the hotel industry[J]. Journal of Vacation Marketing, 2001, 7(1): 5-17.

[4] Anne P C. A Competitive Analytical Approach to Health Tourism in Jamaica[J].Social & Economic Studies, 2002, 51(3): 131-149.

[5] Henderson J C. Healthcare Tourism in Southeast Asia[J]. Tourism Review International, 2003, 7(3): 111-121.

[6] García-Altés A. The Development of Health Tourism Services[J]. Annals of Tourism Research, 2005, 32(1): 262-266.

[7] Murat S, Hasan A, Teoman D and Kemal E.Psoriasis treatment via doctor fish as part of healthtourism: a ease study of Kanga Fish Spring[J]. Tourism Management, 2007, 28: 625-629.

[8] Komaladat S. Health Tourism Destination in Thailand: A Case Study of Raksawarin Hot Spring[J]. International Journal of Leisure & Tourism Marketing, 2010, 1(3): 238-247.

[9] Kucukusta and Song H. A conceptual model of medical tourism: implications for future Fees[J]. Journal of Travel and Tourism Marketing, 2010, 27(3): 236-251.

[10] Kelly C. Analysing Wellness Tourism Provision: A Retreat Operators' Study[J]. Journal of Hospitality and Tourism Management, 2010, 17(1): 108-116.

[11] Voigt C, Brown G, Howat G.Wellness Tourists: In Search of Transformation[J]. Tourism Review, 2011, 66(1): 16-30.

[12] Mitani toru, Gao Jie. forest therapy of fragrance toke trail[J]. Langscape Architecture, 2011, 5(4): 92-96.

[13] Ufuk Altin, Gulfer Bektas, Zehra Antep et al. The international patient's portfolio and marketing of Turkish health tourism[J]. Procedia-Social and Behavioral Sciences, 2012, 58: 1004-1007.

[14] Chen C, Petrick J. Health and Wellness Benefits of Travel Experiences: A Literature Review[J]. Journal of Travel Research, 2013, 52(6): 709-719.

[15] Lehto X Y. Assessing the perceived restorative qualities of vacation destinations[J]. Journal of traval research.2013, 52(3): 325-339.

[16] Markovic S, Loncaric D, Loncaric D. Service Quality and Customer Satisfaction in the Health Care Industry-Towards Health Tourism Market[J]. Journal of Hospitality & Tourism Management, 2014, 20(2): 155-170.

[17] Tri Rahayuningsih, Harini Muntasib. Nature Based Tourism Resoures Assessment Using Geographic Information System(GIS): Case Study inBogor[J]. Procedia Environmental Sciences, 2016, 33(3): 365-375.

[18] Sanela V. Business Performance of Health Tourism Service Providers in the Republic of Croatia[J]. Acta Clinica Croatica, 2016, 55(1): 79-85.

[19] Cohen M, Elliott F, Oates L, et al. Do Wellness Tourists Get Well? An Observational Study of Multiple Dimensions of Health and Well-being after a Week-long Retreat[J]. Journal of Alternative&Complementary Medicine, 2017, 23(2): 140- 148.

[20] Dryglas D, Salamaga M. Segmentation by Push Motives in Health Tourism Destinations: A Case Study of Polish Spa Resorts[J]. Journal of Destination Marketing & Management. 2018, (9): 234-246.

[21] 史密斯．旅游决策与分析方法[M]．南开大学旅游学系，译．北京：中国旅游出版社，1991：131-132．

[22] 王凯．中国主要旅游资源赋存的省际差异分析[J]．地理与地理信息科学，1999，(3)：69-74．

[23] 李新泰．国外健康旅游的发展路径与启示[J]．人文天下，2019，(5)：13-18．

[24] 王建宏．都江堰：打造世界康体养生旅游目的地[J]．当代县域经济，2016，(6)：76-77．

[25] 陈雪钧，李莉．国内康养旅游产业发展的多维分析与启示[J]．旅游经济，2021，(4)：109-114．

[26] 王新越，赵文丽．山东半岛城市群旅游空间结构分析[J]．地域研究与开发，2018，37（2）：89-93．

[27] 杨懿. 基于 RMP 分析法的天堂寨森林养生旅游发展研究[J]. 市场周刊（理论研究），2018，（1）：47-48.

[28] 张杰. 广东省森林养生旅游开发研究[D]. 广州：广州中医药大学. 2019.

[29] 祝向波. 攀枝花市康养旅游资源评价与开发研究[D]. 成都：成都理工大学. 2017.

[30] 孟桂如，张小锋，王靖童. 黑龙江省"候鸟式"旅游养老存在的问题及对策研究[J]. 商业经济，2017，（5）：6-7.

[31] 何彪，谢灯明，蔡江莹. 新业态视角下海南省康养旅游产业发展研究[J]. 南海学刊，2018，（3）：82-89.

[32] 赵楠. 全域旅游视阈下休闲养生旅游发展模式：以安徽省亳州市为例[J]. 社会科学家，2019，（5）：95-101.

[33] 赵敏，王丽华. 近十年国内康养旅游研究述评[J]. 攀枝花学院学报（综合版），2019，36（4）：48-53，101.

[34] 赵杨，孙秀亭. 我国沿海地区康养旅游产业创新发展研究：以秦皇岛市为例[J]. 城市发展研究，2020，（6）：24-28.

[35] 黄琴诗，朱喜钢，曹钟茗，等. 国外康养旅游研究的转型与趋势——基于英文文献的计量分析[J]. 林业经济，2020，42（2）：48-58.

[36] 吴耿安，郑向敏. 我国康养旅游发展模式探讨[J]. 现代养生，2017，（6）：294-298.

[37] 李鹏，赵永明，叶卉悦. 康养旅游相关概念辨析与国际研究进展[J]. 旅游论坛，2020，13（1）：69-81.

[38] 任宣羽. 康养旅游：内涵解析与发展路径[J]. 旅游学刊，2016，31（11）：1-4.

[39] 胥兴安，李柏文，班璇. 养生小镇旅游产品开发研究——以昆明市永定镇为例[J]. 资源开发与市场，2010，（1）：69-71.

[40] 刘松，崔雪莲. 旅游活动与游客心理健康实证分析[J]. 北京第二外国语学院学报，2013，35（11）：79-83.

[41] 张世满. 旅游：一种健康而非低碳的生活方式[J]. 旅游学刊，2010，25（9）：9-10.

[42] 陈静，李健. 旅游健康与健康旅游——基于旅游主体的视角[J]. 旅游研究，2009，1（4）：23-28.

[43] 胥兴安，李柏文，杨懿，等. 养生旅游理论探析[J]. 旅游研究，2011，3（1）：40-46，62.

[44] 蒋剑岚，曹诗图. 试论旅游与养生[J]. 地理与地理信息科学，2011，27（2）：109-112.

[45] 俞萍. 旅游地养生条件对游客忠诚的影响研究——以舟山群岛旅游地为例[J]. 旅游论坛，2015，8（6）：36-42.

[46] 张广海, 王佳. 中国医疗旅游资源及功能区划研究[J]. 资源科学, 2012, 34（7）: 1325-1332.

[47] 胡卫华. 我国发展医疗入境旅游的机会、问题与对策[J]. 对外经贸实务, 2010, （9）: 75-78.

[48] 邓文志, 闻武刚. 旅游业中的奇葩: 泰国医疗旅游的经验与启示[J]. 东南亚纵横, 2011, （9）: 22-25.

[49] 侯胜田, 刘华云, 张永康. 中国医疗旅游的发展前景与挑战[J]. 中国医院, 2013, 17（5）: 27-29.

[50] 蔡卫民. 医疗出境旅游的发展机遇及研究前景[J]. 旅游学刊, 2011, 26（9）: 9-10.

[51] 丛丽, 张玉钧. 对森林康养旅游科学性研究的思考[J]. 旅游学刊, 2016, 31(11): 6-8.

[52] 潘洋刘, 曾进, 文野, 等. 森林康养基地建设适宜性评价指标体系研究[J]. 林业资源管理, 2017, （5）: 101-107.

[53] 陈建波, 明庆忠, 娄思远, 等. 山地城市健康旅游资源及开发策略研究——以重庆市主城区为例[J]. 西南师范大学学报（自然科学版）, 2016, 41（10）: 75-80.

[54] 宋娜, 周旭瑶, 唐亦博, 等. 基于DEMATEL-ISM-MICMAC法的康养旅游资源评价指标体系研究[J]. 生态经济, 2020, 36（5）: 128-134.

[55] 李济任, 许东. 森林康养旅游评价指标体系构建研究[J]. 林业经济, 2018, 40（3）: 28-34.

[56] 陈建波, 明庆忠. 基于改进层次分析法的健康旅游资源评价研究[J]. 地理与地理信息科学, 2018, 34（4）: 69-73.

[57] 杨秀成, 宋立中, 钟姚越, 等. 福建省康养旅游资源空间分布特征及其影响因素研究[J]. 福建师范大学学报（自然科学版）, 2019, 35（5）: 106-116.

[58] 刘炳献. 医疗旅游相关问题研究[J]. 现代商贸工业, 2008, 20（6）: 103-104.

[59] 李玉新, 吕群超. 乡村旅游产业政策演进与优化路径——基于国家层面政策文本分析[J]. 现代经济探讨, 2018, （10）: 118-124.

[60] 杜宗棠, 张星, 刘宜卓, 等. 康养旅游的特征与差异研究——以北戴河为例[J]. 时代金融, 2017, （36）: 290, 293.

[61] 谢晓红, 郭倩, 吴玉鸣. 我国区域性特色小镇康养旅游模式探究[J]. 生态经济, 2018, 34（9）: 150-154.

[62] 谢文彩, 李星明, 向兴, 等. 武汉市康养旅游地空间布局及其优化研究[J]. 华中师范大学学报（自然科学版）, 2018, 52（1）: 147-154.

[63] 杨铭铎, 陈心宇. 休闲、养生、度假旅游概念辨析[J]. 黑龙江科技信息, 2009, （29）: 109, 316.

[64] 刘建国，张永敬．医疗旅游：国内外文献的回顾与研究展望[J]．旅游学刊，2016，31（6）：113-126．

[65] 赵鹏宇，刘芳，崔嫱．山西省康养旅游资源空间分布特征及影响因素[J]．西北师范大学学报（自然科学版），2020，（4）：112-119．

[66] 陈雪钧，李莉，付业勤．基于价值链视域的旅游养老产业发展模式研究[J]．企业经济，2017，（7）：105-110．

[67] 杨红英，杨舒然．融合与跨界：康养旅游产业赋能模式研究[J]．思想战线，2020，（6）：158-168．

[68] 庄伟光，赵嫚．基于SWOT-AHP的医疗旅游创新发展：以广东为例[J]．开发研究，2018，（6）：142-147．

[69] 何少琪．云南省康养旅游市场发展研究[J]．合作经济与科技，2018（15）：78-79．

[70] 李莉，陈雪钧．康养旅游产业创新发展的影响因素研究[J]．企业经济，2020（7）：116-122．

[71] 郑群明，刘嘉，朱岩，等．森林保健旅游对游客亚健康改善的感知研究[J]．资源科学，2017，39（6）：1171-1181．

[72] 刘庆余，弭宁．全域旅游视野下健康养生旅游发展对策[J]．旅游学刊，2016，31（11）：4-6．

[73] 黄力远，徐红罡．巴马养生旅游——基于康复性景观理论视角[J]．思想战线，2018，44（4）：146-155．

[74] 李成红，轩福华．基于文本分析的温泉康养目的地形象感知[J]．现代商业，2021，（10）：60-64．

[75] 张镯川．西藏羊八井特色旅游小镇发展浅析——基于SWOT分析[J]．中国集体经济，2021，（16）：127-128．

[76] 邱有平．立足资源优势构建生态综合补偿新格局[J]．当代江西，2021，（10）：43-44．

[77] 高志飞．中医药特色小镇的发展研究[J]．黑龙江人力资源和社会保障，2022，（9）：34-36．

[78] 国家旅游局．国家康养旅游示范基地标准[S]．北京，2016-01．

[79] 刘欢，丁淑芳．优质旅游视域下的明月山景区民宿产业高质量发展路径研究[J]．旅游纵览，2021，（23）：127-129．

[80] 吴琼，杜鹏举．西峡县仲景养生旅游小镇发展分析[J]．文化产业，2020，（24）：6-7．

[81] 廖青虎，郑旭，孙钰，等．我国城市文化旅游融合政策的演化逻辑与未来走向[J]．城市发展研究，2021，28（5）：7-11．

[82] 韦俊峰，何瀚林，明庆忠．中国休闲农业和乡村旅游政策的演进特征（2001—2018）——基于政策文本量化分析[J]．社会科学家，2019，（3）：84-90．

[83] 周功梅，宋瑞，刘倩倩．国内外康养旅游研究评述与展望[J]．资源开发与市场，2021，37（1）：119-128．

[84] 何莽，彭菲，杜洁，等．中国康养产业发展报告（2020）[M]．北京：社会科学文献出版社，2021．

[85] 武超群．耦合机制下的康养旅游特色小镇设计创新研究[D]．沈阳：沈阳航空航天大学，2020．

[86] 杨慧．全域旅游视角下的康养旅游发展对策研究——以攀枝花为例[J]．度假旅游，2019(2)：50-51．

[87] 陈晓丽．森林康养旅游研究及开发探析[J]．黑龙江生态工程职业学院学报，2016，29（5）：25-27．

[88] 贾建楠，刘妮雅．基于特色资源的康养旅游产业融合路径——以河北太行山地区为例[J]．当代旅游，2020，18（15）：79-80．

[89] 吴万莹，洪湾湾，郭倩倩，李亚文，杜靖州．基于游客感知视角的云南康养旅游开发策略[J]．中国经贸导刊（中），2020（11）：86-89．

[90] 林上海，杨焰．康养园林景观的兴起与发展探析[J]．美与（上），2020（07）：79-81．

[91] 陈晓琴．基于中医药文化的尖峰岭康养旅游景观规划设计研究[D]．成都：南交通大学，2019．

[92] 金红莲，肖瑶．旅游与文化交融助力"康养"产业发展[J]．科技风，2019(36)：242-245．

[93] 翟燕霞，石培华．中国红色旅游政策演进规律、注意力分配及优化路径——基于2004—2020年政策文本的实证分析[J]．资源开发与市场，2021，37（9）：1136-1144．

[94] 廖青虎，郑旭，孙钰，等．我国城市文化旅游融合政策的演化逻辑与未来走向[J]．城市发展研究，2021，28（5）：7-11．

[95] 任宣羽．康养旅游：内涵解析与发展路径[J]．旅游学刊，2016，31（11）．42-44．

[96] 王燕琴，陈洁，顾亚丽．浅析日本森林康养政策及运行机制[J]．林业经济，2018，40（4）：108-112．

[97] 陈俊彤，殷平．直播场景下旅游凝视行为研究[J]．旅游学刊，2021，36（10）：49-61．

[98] 黄锐，谢朝武，李勇泉．中国文化旅游产业政策演进及有效性分析——基于2009—2018年政策样本的实证研究[J]．旅游学刊，2021，36（1）：27-40．

[99] 周功梅，宋瑞，刘倩倩．国内外康养旅游研究评述与展望[J]．资源开发与市场，2021，37（1）：119-128．

[100] 张玉蓉，等. 健康中国战略背景下整合型医疗健康服务体系建设探索[J]. 中国卫生产业 2020，（25），189-191.

[101] 谭荧，吕培亮. 论习近平生态文明思想的原创性及其时代价值[J]. 社会主义研究，2022（5）：33-41.

[102] 潘洋，于书洋，巩淑萍. 中医药医养结合助力健康老龄化产业发展探讨[J]. 中国卫生经济，2022，41（9）：78-80.

反侵权盗版声明

电子工业出版社依法对本作品享有专有出版权。任何未经权利人书面许可，复制、销售或通过信息网络传播本作品的行为；歪曲、篡改、剽窃本作品的行为，均违反《中华人民共和国著作权法》，其行为人应承担相应的民事责任和行政责任，构成犯罪的，将被依法追究刑事责任。

为了维护市场秩序，保护权利人的合法权益，我社将依法查处和打击侵权盗版的单位和个人。欢迎社会各界人士积极举报侵权盗版行为，本社将奖励举报有功人员，并保证举报人的信息不被泄露。

举报电话：（010）88254396；（010）88258888

传　　真：（010）88254397

E-mail：dbqq@phei.com.cn

通信地址：北京市万寿路173信箱
　　　　　电子工业出版社总编办公室

邮　　编：100036